설문대할망 손가락

설문대할망 손가락

문무병의 제주 신화 이야기 1

문무병 지음

알렙

신화를 꿈꾸다

나는 신화를 꿈꾸며 살고 싶다.

나에게 제주 신화는 꿈의 세계로 들어서는 올레다.

이 책은 신화를 통해 제주도의 전통문화를 얘기하는 글을 써달라는 《제주의 소리》 편집장의 제의를 받고 쓴 책이다. 연락을 받은 날은 친구들과 함께 연탄 배달 봉사 활동을 하던 날이었다. 일도2동 어느 독거노인의 집에 연탄을 넣어주던 중 평소 알고 지내던 몇몇 기자와 이야기를 나누게 되었다. 일을 마치고 돌아가는 길에 《제주의 소리》 편집장과 막걸리를 마시게 되었는데, 그 자리에서 그는 원고를 써보지 않겠냐는 제의를 하였다.

나는 기다렸다는 듯이 받아들였다. 당시는 《제주의 소리》에 글을 연재하여 세간의 주목을 받은 싸움닭 논객 박경훈 화백이 그간 쓴 글들을 모아 출판한 『박경훈의 제주담론 1』이 좋은 평가를 받던 때였다.

"성님은 놀메 탐난 말로만 글 쓰멍 허는 일이 뭐꽈. 글 좀 씁서." 하는 후배가 대견하기도 하고 부끄럽기도 해서, 마침 나도 그와는 다른 방식의 글쓰기를 시작해야겠다고 생각하던 참이었다. 그런 까닭에 연재 제의를 받자마자 마음속에 그리던 생각들을 술술 풀어버렸다.

우선 글을 쓰기 시작한다면 가장 먼저 설문대할망 이야기를 하겠으며, 그 이야기의 제목은 '설문대할망 손가락'으로 할 것이라고, 쓰기도 전에 큰소리를 치고 말았다. 마치 계획이 다 서 있는 사람처럼, "내가 제주 신화의 스토리텔링을 시작한다면, 우선 우리가 살고 있는 이 땅, 바로 이 탐라 땅을 창조한 설문대할망 이야기를 할 것이우다. 할망의 이야기는 우선 먼저 너무나도 큰 할망이 손가락조차도 이만큼은 컸을 거라는 큰 것 콤플렉스에 대한 말을 하며 신화 이야기를 시작하여 내 신화적 상상력의 포문을 열어 보쿠다. 기대해 줍서. 정말 거창한 꿈 아니우꽈?" 하고 만 것이다.

내가 이야기의 화두로 삼은 것은 '설문대할망 손가락'이었다. 사연은 이렇다. 2012년 나는 설문대여성문화센터 전시자문위원회에 참석하였다. 그해 전시물이 설문대할망이라는 보고를 듣고 전시관을 둘러보았다. 설문대할망 전시를 제대로 못할 바에는 '설문대할망의 손가락'이라도 전시하여 힘세고 키큰 할망의 '거대함'에 대한 담론을 시작하자고 주장했다. 나의 주장은 받아들여져 실제로 전시장에는 '설문대할망 손가락'이 전시되었다.

'설문대할망 손가락'이 '왁왁한 어둠'에 점을 찍으니, 여기저기서 새록새록 할망이 만든 제주도 이야기가 바람이 되어 번져나갔다. 어둠은 찢어져 바람이 돌고, 바람은 어둠을 흔들어 빛을 만들었다. 빛은 하늘과 땅, 낮과 밤, 시간과 공간을 만들고, 우리가 사는 제주도를 만들어 나갔다. '설문대할망 손가락' 이야기는 제주 원주민의 희망이 되었다. 백록담에 솥을 걸고 팥죽 쑤는 할망, 부지런히 빨래하는 할망, 육지까지 다리를 놓는 할망을 그려보며 큰 할망을 가진 우리는 행복했다. 그러던 올해 초에 『설문대할망 손가락』이 절판됐다는 소리가 들려왔다. 필자는 '설문대할망 손가락'이 한 일, 창조의 작업을 떠올리며 제주 사람이 다 되었다던 이주민들도 할망의 이야기에 젖어 가는데, 제주 큰 할망 '설문대할망 손가락'이 한 일을 잊어서야 되겠는가 생각했다. 2권 『두 하늘 이야기』를 펴내면서, 구판의 문장을 다시 손보았다. 이제 다시 시작하는 『설문대할망 손가락』 이야기는 제주 신화에 대한 거대 담론의 시작이다.

2017년 10월

문무병

제5부 삼공 본풀이

제1부

설문대할망

1° 설문대할망의 손가락

태초에 우리가 살고 있는 이 세상 제주에는 거대한 할망이 혼자 외롭게 살고 있었다. 이 할망을 설문대할망이라 한다. 신화에서 할망에 대해 '크다', '세다', '거대하다'는 이야기는 할망이 '얼마나 크고 힘이 세고 거대한지'에만 집중되어 있다. 하지만 이 이야기 속에는 자기가 만든 땅보다 더 클 수 없는 제주인의 한계라는 비극성이 포함되어 있다. 그것은 제주형 거인 신화가 들려주는 '하나의 외로움'에 대한 이야기다.

설문대할망이 제주 땅을 너무 작게 만들었기 때문에, 그리고 제주보다 크고 힘센 할망이 가진 '풍요'라는 신성神性 때문에 제주 사람들은 큰 것에 대한 콤플렉스를 겪게 되었다. 할망은 너무 크고, 너무 많고, 너무 세다. 할망이 만든 제주에 살고 있는 제주 사람은 너무 작고, 가진 것이 너무 적어 늘 채울 수 없는 것에 대한 안타까움, 모자람에 대한 슬픔을 천형처럼 가지고 사는 것이다. 설문대할망은 제주의 자랑이자 동시에 콤플렉스인 것이다.

그 슬픈 이야기, 설문대할망의 손가락 이야기, 설문대할망 콤플렉스는 '너무 세고 크기 때문에 외롭다'는, 하나의 외로움에 대한 이야기다. 할망의 '거대함'에 대한 담론은 제주를 떠나 살 수 없는 사람들이 신으로 모신 제주에서 제일 큰, 더 이상 클 수 없는 설문대할망의 손가락 이야기이며, 할망의 거대함과 외로움에 관한 이야기다.

할망이 만든 세상으로 문을 열고 들어가 보자. 왁왁한 어둠을 여는 창조의 손가락은 보이지 않고, 할망의 손가락조차 너무 커서 앞을 가로막는 어둠뿐이다. 할망의 손가락은 얼마나 클까? 할망의 손가락은 너무 커서 아무것도 보이지 않는 어둠이지만, 그 어둠은 창조의 의미를 담고 있는 커다란 그릇이었다. 사람들은 어쩔 수 없어, 할망의 큰 손가락을 작디작게 눈에 보일 만큼의 크기로 축소해 놓고, 그것을 '설문대할망의 손가락'이라 부르기로 했다. 그것을 제주에서 제일 높은 호텔보다 더 큰 손가락이라 상상하며 설문대할망의 손가락 크기를 짐작했을까?

설문대할망은 슬프게도 제주도를 작게 만들었다. 백록담에 엉덩이를 깔고 앉아 한쪽 발은 관탈섬을 딛고, 다른 발은 지귀섬을 디딜 만큼 큰 할망의 손가락은 얼마큼이나 컸을까? 고층 빌딩보다 큰 손가락을 머릿속에 그리며, 태초에 제주 사람들은 할망의 손가락을 제주 땅을 만든 설문대할망의 손가락이라 하였다.

할망의 손가락은 보통 손가락이 아니라 창조의 손가락이었다. 그리 생각하자 '설문대할망의 손가락'에 창조의 메시지들이 주렁주렁 달려 있는 것이 보였다. 그것을 풀어 나가는 것이 '설문대할망 손가락' 이야기다. 할망의 손가락은 창조의 손가락이다. 너무 큰 어둠 속 할망의 손가락 끝에서는 어떤 창조의 움직임이 생겨났을까?

할망의 손가락은 '한(숫자 1)'을 만들었고, 그것은 '하나의 외로움', 한류의 전통인 '한', 하늘의 하나가 아닌 제주 땅을 만든 '한', 땅의 하나, 제주 섬의 하나이니, 설문대할망 이야기는 하늘 이야기가 아니라 땅이 열린 이야기다. 설문대할망 이야기는 외로움, 하나의 외로움에 대한 철학이다. 설문대할망 이야기는 땅이 열리고, 어둠에 감각과 정을 불어넣고, 새 생명의 탄생을 이야기하는 창세의 이야기다.

할망의 손가락이 어둠을 찍어 흔들자 하늘의 빛이 땅의 어둠에 감전하여 태초의 어둠은 찢어져 바람이 돌고, 바람은 색을 만들어 파란 하늘, 누런 흙으로 천지를 나누었다. 할망의 손가락은 '하나의 외로움' '하나(숫자 1)'를 완성하였다. 태초의 왁왁한 어둠 위에서 그 어둠을 찢어버린 '하나=1'의 완성은 빛[色]의 완성이었다. 빛은 어둠을 갈라 천지天地를 만들고 천지현황의 기운을 움직여 바람이 흐르니, 바람은 생명의 시원에 세상 온갖 것을 만들기 시작했다. 설문대할망의 손가락 이야기는 세상에 '하나의 외로움'을 만든 이야기였다.

2° 설문대할망은 제주 땅을 어떻 만들어신고?

"설문대할망은 제주 땅을 어떻 만들어신고?" 하고 누가 묻는다면, 제주 사람 중 그 누구도 시원하게 답할 수 없을 것이다. 준비된 말도 별로 없지만, 그래도 이건 틀림없다고 말할 수 있는 설문대할망 이야기 역시 없다. 있다면 무엇일까? 무언가 잡힐 듯 말 듯, 알 듯 말 듯 우리의 세상 제주 땅을 만든 설문대할망의 창조 작업은 이야기꾼도 설왕설래한다. 그런 얘기 중 하나 확실하게 말해 줄 수 있는 말은 "설문대할망은 제가 누워 있는 크기만큼 제주도를 만들었다."는 것이다.

「설문대할망 본풀이」는 여기서부터 만들어진다. 설문대할망이 맨 처음 저지른 사건, 설문대할망의 손가락이 천지의 왁왁한 어둠에 점을 찍은 사건, 태초의 움직임, 그것이 '왁왁한 어둠'으로부터 살아 있는 것과 죽어 있는 것을 갑가르며 하나의 움직임을 만들었고, 그 움직임은 이 세상에 '바람'이란 것이 생겨나게 하였다. 결국 설문대할망은 바람을 만들었고, 설문대할망이 만든 바람이 세상을 만들었다. 이렇게 말해도 제주 사람들은 이런 말을 확실하게 믿지 않을 것 같다.

제주에서 나고 제주에서 살고 있는 순 토종 제주 사람들이여, 뒷날 탐라국을 세운 아이, 왕이 될 아이라고 생각되는 삼신인三神人 또는 삼을나三乙那라고 부르는 '세 명의 어린아이'가 제주 땅 모흥혈에서 솟아났다는 '탐라국 건국 시조 신화'를 믿듯이 제주 땅을 만든 설문대할망 얘기도 의심 없이 믿어주기를 바란다. 그것은 모두 제주인들의 상상력이 만들어낸 창조 신화의 원형이기 때문이다.

제주 땅을 만든 설문대할망은 신과 인간을 통틀어 맨 처음에 제주에 생겨난 여신이었으며, 그 여신은 자신이 누워 있는 크기로 세상을 만들었다. 그것은 아름다운 제주도이며, 제주도라는 그녀의 몸 속에는 앞으로 이 세상에 살아갈 제주 사람들의 모든 것이 있었다. 그러므로 키가 크고 힘이 센 여신, 세상을 만든 설문대할망을 바람의 신, 풍요의 신이라 한다.

세상은 할망이 만든 바람에서부터 생겨났다. 그렇게 제주 땅에 생겨난 바람은 태초의 어둠을 찢었고, 천지를 나누었다. 그다음에 이어진 설문대할망의 창조 작업은 바람에 흔들리는 것들을 손으로 모으며, 할망 몸의 그림자만 하게 제주 땅을 만든 것이었다. 설문대할망은 바다에서 흙과 돌을 모아 제주 땅을 만들었다.

설문대할망이 세상을 만들 때, 자기 키보다 조금이라도 더 큰 제주도를 만들지 못했기 때문에 생기는 비극은 이만저만한 것이 아니었다. 끝없이 가지를 치며 여러 문제를 만들어냈다. 제주 땅은 설문대할망이 살아가기에는 너무나 비좁았다. 그러므로 거대한 할망이 만든 세상은 할망을 제주 땅에 가두어버렸다. 결국 설문대할망의 창조 작업은 제주 사람들의 '하나'의 수 철학, '하나의 외로움'을 만들었을 뿐이다.

다시 설문대할망 이야기를 시작해 보자. 아주 옛날 적어도 1만 년 전쯤에 망망한 바다는 끝이 없었는데, 바다 한가운데 키가 크고 힘이 세다는 설문대할망이 자기 몸의 그림자를 본떠 세상을 만들었다. 키가 크고 힘이 센 할망 혼자서도 살 수 없는 세상을 만들었기 때문에, 할망은 제주 땅에 갇혀 버렸다.

설문대할망은 땅이 비좁아 자기의 그림자 위에 누워 잠을 자고 있었다. 설문대할망이 누워 자는 그림자 이불은 망망한 바다에, 비양도처럼 바람 따라 흘러가고 있었다. 설문대할망이 눈을 감고 잠을 자는 밤에는 쉴 수 있어 좋았지만, 아침에 눈을 떠 일어나면, 일할 수 있는 공간이 턱없이 적었다. 때문에 설문대할망의 세상을 만드는 작업은 떠다니는 제주 땅을 붙들어 매어 고정시키고, 자신이 활동할 빈 공간을 만드는 일이었다. 그리고 바닷물 속에서 흙과 돌을 주워다 한라산과 오름을 만드는 작업이었다.

할망은 먼저 한반도의 남쪽 끝 우주의 중심이 되는 지점에 서서 중심을 잡고 '영주瀛洲—망망한 바다 가운데 섬'이라 하였다. 이 섬은 뒤에 탐라가 되었다가 지금은 제주라 불리고 있다. 설문대할망은 영주의 중심에 서서 삽을 들어 한 삽 두 삽 모두 일곱 삽을 퍼 올렸다. 그리하여 할망의 몸 그림자를 본떠 만든 제주 땅의 중심에 봉긋한 한라산을 만들고, 삽으로 산봉우리를 깎아내려 엉덩이를 대고 앉아보았다. 이것이 1950미터의 한라산이다. 그러고는 다시 내려가 물 위에 서

보았다. 계속 흙을 퍼 올려, 바다에 서 있으면 얼굴이 보일 만큼, 산꼭대기에 앉으면 제 몸이 앉은 모습이 드러날 만큼 흙을 쌓아 제주도를 완성하였다.

한라산에 앉아 타원형의 세상을 둘러보았다. 아무래도 몸을 움직이기엔 너무 비좁았다. 실망한 설문대할망은 세상을 만든 걸 후회하며 드러누워 눈을 감았다. 그것은 할망이 세상을 만들기 전의 '왁왁한 어둠'과는 다른 어둠, 어둠이라고 느껴지는 어둠, 밤이었고, 잠이었고, 절망이었다. 캄캄했다. 자기가 만든 세상의 밝음 속에 '하나의 외로움'을 깨달은 설문대할망은 하나의 외로움이 지워지는 각성된 어둠을 보았다. 또다시 어둠이 찾아왔다.

할망은 계속 눈을 깜박거렸다. 어둠과 밝음이 계속 이어졌다. 순간을 의식하며 숨을 쉬었다. 바람을 마셨다 뱉으며 들숨과 날숨을 만들었고, 숨소리를 의식하며 시간의 단위가 되는 순간을 만들었다. 그것은 찰나였다. 그 순간처럼 숨을 쉬었고, 숨을 쉬며 들숨 날숨마다 의식과 무의식, 어둠과 밝음을 깨달으며, 드러누워 눈을 감고 뜨면서, 결국 할망은 긴 생각 끝에 잠에서 깨어, 밤과 낮을 만들었다. 할망은 눈을 감고 잠을 자는 밤과 눈을 떠서 생각하고 일을 하는 낮을 나누었다. 밤과 낮의 운행, 순간이 이어져 시간이 됨을 안 할망은 다시 생각을 정리해 보았다.

눈을 감고 잠을 자던 밤을 보내고, 눈을 뜨고 아침을 맞이하여 일어나 앉으니 일을 할 공간이 없어 답답하였다. 그리하여 시간을 만든 할망의 그다음 창조 작업은 공간을 만드는 일이었다. 비좁은 공간을 일할 수 있는 공간으로 넓히는 것은 그림을 그리는 일, 계획으로 가능한 일이었고, 할망의 몸을 줄일 수 있을 만큼 줄여서 일을 하면 되었다.

설문대할망의 그다음 계획은 제주 사람들의 크기만큼 제 몸을 줄여, 제주 사람들이 생각하는 그 광활한 공간을 만들어, 거기에 아름다운 일터를 그려 보는 것이었다. 제주 사람들이 사냥을 하고, 방목하여 마소를 키우고, 배를 타고 바다에 나가 고기를 잡고, 바닷가 든여마다 해초와 소라 전복을 키우는 이여도를 그려보았다.

할망은 자신의 몸 속에 자라는 온갖 해초와 곡식의 씨앗을 제주 땅에 털어 놓았다. 바다밭 물질할 일터에, 들판과 숲에, 곶자왈에 풀도 나무도 땅도 숨을 쉬게 하였다. 이렇게 아침에 눈을 떠 하늘을 보고 땅을 보며 생각해 낸 제주 땅은 끝없는 생각 속에서 완성되었다. 이와 같이 설문대할망이 이여도와 같은 세상을 만드는 일, 일터를 가꾸는 계획은 제 몸을 줄여 자기가 만든 땅에 자신의 꿈을 실현하는 것이었다.

제주도를 밖에서 보면, 할망이 누워 잠을 자는 평온한 섬이지만, 할망의 몸을 들여다보듯 섬 안을 들여다보면, 아기자기 오목조목 99개의 골짜기에다 360개의 오름이 펼쳐졌다. 설문대할망은 제주 땅에 360개의 오름을 만들었다는 오름의 신이다. 맨 처음 설문대할망이 오름을 만들 때는 치마의 터진 구멍에서 흙이 새어나와 360개 오름을 만들었다. 하지만 너무 큰 할망의 치마에서 새어나온 흙은 바다를 메웠을 것 같다. 때문에 할망의 몸을 줄여야 오름을 만들 수 있었다. 설문대할망은 제 몸을 360분의 1의 크기로 줄여 치마에 흙을 담고 날라 하루에 오름을 하나씩 만들어 나갔다. 그렇게 360개의 오름이 완성된 시간이 1년이라 하였다. 오름마다 비슷하면서 다른 굼부리들(분화구)이 생겨나 한라산 바람 신 ᄇᆞ름웃도[風神]들이 쉬어가는 쉼터가 되었다.

3° 사랑의 깊이를 헤아리는 설문대할망의 물

설문대할망이 설계한 제주는 할망이 누워 자는 제 그림자의 크기로 만든 것이었다. 그렇기에 할망이 살아가기엔 너무나도 비좁은 땅, 하나의 외로움을 키우는 땅이 되어 버렸다. 허나 할망이 만든 제주 땅의 속은 '생명의 지하수가 넘쳐나는 물통'이다. 그 물통은 깊이를 가늠할 수 없는 심연으로, 사람들은 뒤에 그것을 할망의 사랑, 모성母性이라 하였다. 설문대할망의 사랑을 물속같이 깊은 사랑, 모성이라 한다.

설문대할망이란 거대한 여신이 혼자서 세상을 만들었다는 것은 다른 곳에서 볼 수 없는 거녀 신화다. 이 제주형 겨녀 신화의 독자성을 인정하지 않고 모계 사회에서 부계 사회로 넘어가는 과도기적 신화라는 식으로 해석하는 것은 어색한 일이다. 아무튼 설문대할망 신화는 제주형 거녀 창세 신화로서, 여성성이 중요한 키워드가 된다.

물은 생명의 근원이며, 어머니 사랑의 탯줄이다. 그것은 줄지 않는

속 깊고 영원한 풍요의 하나, 속 깊은 어머니 사랑은 하나라는 수 철학을 완성하였다. 그러므로 설문대할망 신화는 '제주도는 물에 의해 창조되었다'거나, '바다 한가운데 화산이 폭발하여 제주 섬이 생겨났다'는 누구나 아는 사실을 제주 사람들만이 그려낼 수 있고 꿈꿀 수 있는 상상력으로 표현한 것이다. 그것은 생명의 땅에 영원히 솟구치는 생수처럼 모성을 그려낸 것이다.

설문대할망은 스스로 만든 땅의 생수를 발로 딛고 깊이를 재어 본다. 제주 땅을 밟아 보는 것은 어쩌면 제 몸 속을 들여다보는 것과 같다. 제 몸에 혈관처럼 흐르는 물, 그런데 그 물은 사랑의 깊이처럼 다르다. 할망은 바닷가 마을 제주시 용담동에 있는 '용연물[龍淵]'에 들어서 보았다. 물은 맑고 청량했으며 맛은 달았다. 그런데 그 물은 발등 정도밖에 올라오지 않는 얕은 물이었다. 할망은 해안에 솟아나는 이런 물들을 바닷가 거의 모든 마을에 만들어 주었다. 사람들은 이 물을 생명의 물인 '생수'라 하였다.

할망은 조금 위로 올라가 지금의 서홍리에 있는 '홍리물'에 서 보았다. 그 물은 발목까지 찼다. 그 물이면 논에 물을 대어 농사를 지을 만큼은 될 것 같았다. 이런 물들은 많은 양을 흘려보낼 수 있어 논농사를 지을 물, '생산의 물'로 사용하게 하였다. 그리고 할망은 한라산에 올라 물장오리 물에 서 보았다. 물 가운데 서자 물의 깊이를 잴 수 없는 심연이라 할망의 몸은 물장오리 물속에 빠져 하나가 되었다. 할망의 크기만큼이라지만 할망의 크기를 재던 땅 밖의 크기와는 다른 생명의 깊이였기 때문에 헤아릴 수 없는 것이었다. 그것은 '생명의 물'이었고, 그 깊이는 설문대할망 사랑의 깊이, 영원한 제주 사랑의 깊이였다.

물의 깊이를 재며 할망은 제주의 땅속을 들여다보듯 제 몸을 들여다보았다. 물장오리 물통과 할망의 몸은 하나가 되어 영원 속으로 빨려들었다. 이것이 지하수가 영원히 흘러넘치는 약속의 땅, 이여도라는 낙원을 제주 땅에 설계한 설문대할망의 물 이야기다.

제주도는 화산이 폭발하고 용암이 분출하고 흘러내려 만들어진 화산섬이다. 그런데 「설문대할망 본풀이」는 할망이 방귀를 뀌니 천지가 진동하였고, 그 굉음이 너무 요란하여 화산이 폭발하였으며, 물이 뒤집히고 바닷속의 용암이 분출하여 산이 만들어졌다고 한다. 할망은 이 난리를 수습하는 과정에서 바닷속에서 흙을 삽으로 퍼 올리고, 치마로 흙을 날라 오름을 만들었고, 돌을 모아다 한라산 아흔아홉 골에 안개가 끼고 바람이 흐르게 하였다.

사람 사는 세상 제주를 만들기 위해 할망은 제주에 서로 외롭지 않게 새 세상을 열어갈 오백 명 장군들을 탄생시켰다. 할망은 한라산 서북 벽에 영실 기암을 돌로 빚었고, 이들을 오백 장군이라 불렀고 이 돌 장군에 뜨거운 바람을 입으로 불어넣어 생명을 완성하였다. 이것이 한라산 영실 기암에서 태어난 최초의 한라산신이다. 할망은 돌로 만든 오백 장군에 생명을 불어넣어 한라산을 다스리게 하였는데, 이들을 '하로산또'라 하였다. 이는 한라산신이란 뜻이다.

설문대할망의 몸을 이루는 것이 물 이외에 또 무엇이 있을까? 그리고 몸에 담고 있는 할망의 신성神性은 무엇일까? "설문대할망은 어떤 신인가?" "할망은 어떠한 능력을 가진 신이었는가?"라는 물음에는 할망의 신성에 대한 명상이 들어 있다. 키가 크고 힘이 센 설문대할망의 몸속에는 무엇이 들어 있으며, 할망의 신령함이라 말할 수 있는 것, 제주 정신의 바탕이 되는 설문대할망의 신성은 어떻게 완성되었는가? 이것이 가장 근본적인 물음이다. 설문대할망은 키가 크고 힘이 센 여신(=할망)이었을 뿐 아니라 모든 것을 다 가지고 있었다고 한다. '그 모든 것'은 무엇일까? 큰 키, 센 힘과 같은 위대한 특질과 함께 할망의 몸에 담겨 있는 것은 바람[風], 물[水], 불[火], 흙[土], 돌[石]이었다. 이러한 질료들은 제주의 자연에서 취할 수 있는 것이었다. 그렇다면 제주도와 설문대할망은 다른 둘이며, 동시에 같은 하나다.

육지 사람들은 제주도를 두고 삼다도三多島라 한다. 여자가 많고[女多], 바람이 많고[風多], 돌이 많다[石多]는 것이다. 허나 「설문대할망 본풀이」는 바람, 물, 돌, 흙, 불이라는 자연의 모든 속성을 다 이야기한다. 제주도는 설문대할망을 다 품을 만큼 큰 물통이었다. 제주 땅이 물에서 태어났다는 단자론은 바다 밑의 흙과 돌을 긁고, 삽으로 퍼 올려 한라산을 만들었다는 물, 흙, 돌, 3원소론으로 발전하였다. 물, 흙, 돌은 물 속에서 용암의 형태로 부글부글 끓다가 갑자기 흘러 바위와 흙이 되고, 바람에 풍화하여 여러 가지 형태의 자연을 만들었으며, 사람 형태의 돌사람, 오백 장군을 만들었다. 그리고 몸속에 불과 물을 섞어 피가 돌게 하고 물로서 불을 식혀 체온을 만들고, 물을 마시고 바람을 마시고 오줌을 싸 몸속을 정화하여, 설문대할망과 같은 모습을 가진 오백 명의 아들을 만들어 인간 세상을 열었다. 사람 사는 세상 제주도는 이렇게 윤곽이 잡혀 갔다.

이와 같이 「설문대할망 본풀이」라는 제주형 거녀 신화는 설문대할망과 제주도가 둘이면서 하나라는 데 그 비밀이 있다. 설문대할망의 몸이 바람, 물, 불, 흙, 돌로 만들어졌다면, 바람은 할망의 몸에 숨을 쉬게 하고, 물은 피를 돌게 하고, 돌은 뼈를 만들고, 흙은 살을 만들어 결국은 자신과 비슷한 모습으로 이 세상 제주 땅에 오백 장군을 만들었다는 이야기다. 제주의 자연을 이루는 이런 질료들이 할망 몸의 바탕을 이루었고, 이것은 제주 사람의 영혼과 육체 역시 신이 자기 모습에 따라 만들었다는 신성론이다.

할망의 살과 뼈, 피와 골, 몸속에 담긴 정신은 바다에서 건져낸 흙과 돌 그리고 물과 불이 범벅된 용암이며, 이것들은 하늘과 땅, 제주 땅과 제주 사람 사이를 흐르는 바람에서 비롯하였다. 설문대할망이 우리가 살고 있는 제주 땅을 만들었다는 이야기를 다른 쪽으로 이어가 보자. 제주 사람들 중에는 이렇게 생각하는 사람들도 있다. "할망의 몸속엔 어신 거 어시 다 이서." "할망이 제주도주." 설문대할망이 어떤 할망인가 생각해 보는 데서부터 제주 사람들은 제주에 태어나 제주에 살고 있는 '나[=제주인]'를 찾게 된다. 그래야 육지 사람과 다른 할망의 자손이 되는 것이다.

제주를 만든 설문대할망은 하늘에서 내려온 신이 아니다. 그리고 설문대할망 신화는 그리스 신화나 북유럽 신화의 거인 신화와는 다른 제주 사람들의 상상력이 그려낸 제주형 거녀 신화이다. 그녀의 제주 땅 건설 과정은 화산섬 제주의 형성 과정을 제주 사람들의 상상력으로 재구성한 것으로, 후대에 지명 전설의 형태로 남아 있는 것이다. 그러므로 제주 사람이라면 제주 땅을 만든 이야기 속에 남아 있는 제주형 창조 신화를 새롭게 재구성하여 「설문대할망 본풀이」를 완성해야 할 것이다.

4° 세상을 씻는 설문대할망의 빨래

"바당은 자락자락 물게꿈 지치는디 할락산에 아장 설문대할망 서답허는 서늉을 좃좃이 봅서(바다는 철썩철썩 파도 철썩이는데 한라산에 앉아 설문대할멈 빨래하는 모습을 자세히 보소)."

"어떵 헌 일이지. 설문대할망은 세상을 만든 그날부터 매날 세상을 빨아부난 이 땅은 맑고 맑은 땅이 되었수게."

떠올려 보자. 거대한 설문대할망이 한라산 백록담을 깔고 앉아 한 쪽 발은 관탈섬을 딛고, 다른 쪽 발은 지귀도를 딛고, 소섬(우도牛島)을 빨래판 삼아 빨래하는 모습을. 제주 땅을 씻는 듯, 제주 사람들이 입을 옷감들을 빠는 듯, 우리 왜소한 제주 사람을 압도하는 낭만적이면서 거대한 여신의 모습. 정말 미치게 아름다운 그 모습을 상상해 보자. 그 힘세고 키 큰 할망이 제 몸으로 덮을 만한 땅에 앉아 세상을 씻는 모습을 우리는 무엇이라 설명할 수 있을까? 그녀가 만든 제주 땅을 씻는 모습은 제주 땅을 만드는 분주한 모습과는 다른 여유 있는 모습, 낭만적이기까지 한 모습일 것이다.

분주하게 몸을 움직여 흙을 퍼 올리고, 방귀 소리처럼 요란하게 화산이 폭발하고, 용암이 팥죽처럼 흘러 넘쳐 땅을 식힌다. 화산재로 덮여 숯덩이처럼 검붉게 변한 세상을 씻고 또 씻어 하얀 새 옷처럼 제 빛깔을 내는 빨래. 꽃이 피고, 나무 우거져 숲을 만들고, 안개 자욱하고, 바람도 시원한 오름과 들판이 어우러진 세상으로, 제주 땅을 씻어 나가는 할망의 빨래하는 모습은 분명 우리 제주 어머니의 모습이다. 그러므로 설문대할망의 신화는 제주 땅을 만든 창조주 설문대할망이 야생의 땅에 문명의 씨앗을 뿌리는 문명 창조의 과정을 보여주는 문명 기원 신화다. 할망이 빨래를 한다는 것은 그녀가 만든 세상에 문명의 씨앗을 뿌린다는 것을 뜻하기 때문이다.

설문대할망 신화에서 빨래는 제주 사람들이 맞이할 미래의 문명 시대를 낭만적으로 그리고 있다. 빨래는 동물과 인간을 구분하는 산의 문화가 아닌 물에서 태어난 문화다. 그것은 빨래와 목욕이라는 청결과 정화의 생활문화다. 그러므로 제주 고문화의 원형은 '물에 씻는다' '더러워진 옷을 빤다'는 행위 속에 함축돼 있다. 그것은 정화와 세탁의 의식이며, 사냥을 하며 사는 수렵 사회를 끝내고 새로운 문명 사회, 물을 이용하여 쌀을 씻고, 불을 이용하여 밥을 짓는 농경 사회를 꿈꾸는 것이다. 그러므로 아무도 없는 땅에 설문대할망 혼자 살던 창세 때부터, 빨래를 하며 제주의 미래를 설계한 것이다.

빨래와는 또 다른 이야기가 있다. 설문대할망이 바다에 발을 디뎠다는 것은 제주 문화가 바다와 깊은 관련을 맺게 되는 과정을 설명한다. 신화에는 빨래를 하던 할망이 가끔 누워서 쉬는 모습이 나타난다. 그때마다 제주 땅이 좁아서 설문대할망의 발은 어색하게 삐져나온다. 그럴 때마다 할망은 바다에 발을 넣어 휘갈아보고 첨벙첨벙 물장난을 한다. 물놀이의 시작이다. 물을 지치는 건 발 씻는 동작에서 한 단계 발전한 일종의 놀이이며, 나아가 수영까지도 그릴 수 있는 동작이다. 여기서 우리는 수영의 기본 동작인 '물장구치다'라는 움직씨를 그려 볼 수 있다. 설문대할망 신화에서 또 다른 문화소, 제주 사람들의 해양 문화의 시초가 준비되고 있음을 발견하게 되는 것이다. 그러므로 신화는 제주 사람들이 땅에서 벗어나 바다를 헤엄칠 것이고, 바닷속을 더듬어 해산물을 잡는 '물질'이라는 해양 문화가 형성될 것임을 암시한다. 그러므로 할망의 움직임 속에서 온갖 해산물을 쏟아 내는 물질의 시초가 자라고 있던 것이다. 물장구치는 설문대할망은 먼 훗날 바다를 헤엄치는 좀녀 문화의 밑그림이다. 할망은 제주도를 어떻게 그리고 있었을까?

"할마니 무싱거 햄수가?" "빨래 햄저." "빨래 꼬심은 싯수가." 이런 대화에서 우리는 할머니가 우리에게 준 지혜를 떠올린다. 옷은 자주 빨아 입어야 하며, 명주나 면화로 짠 옷감으로 옷을 해 입는 성숙한 사회를 만들어야 한다는 것이다. 즉 설문대할망 신화는 짐승의 가죽옷에서 한 단계 발전한 문명 시대의 옷을 이야기하는 신화인 셈이다. 빨래하여 씻어내는 빨래터의 물게꿈(거품)은 온갖 창조물을 표현하며, 해산물이 자라나는 생산과 창조의 바다는 밭을 상징한다. 빨랫감은 옷, 의복으로 문명 생활의 시작을 표현한다. 설문대할망 신화는 제주 해양 문화의 기원 신화이며, 낭만적인 제주 사람들의 기질을 보여주는 창조 신화다.

5° 설문대할망이 놓다 만 다리

제주 땅을 만든 설문대할망은 세상이 제법 사람 살 만한 세상으로 완성되어 갈 즈음에 제주 사람들에게, "탐라 백성들아. 너희들이 내게 속옷 하나 만들어 주면, 육지까지 다리를 놓아주마." 하고 제안을 했다. 설문대할망이 인간에게 던진 '속옷(A)이면 다리(B)'라는 제안, 즉 인간이 A(속옷)를 만들어 주면, 신은 B(다리)를 주겠다는 제안은 '제주에서 육지까지 다리 놓기'라는 신의 문명 창조 작업, 거창한 토목공사 계획을 이야기한 것이다. 성공할지 실패할지는 모르지만, 이는 지금의 제주도를 있게 한 조건부 약속이었다.

미완성의 설문대할망 신화는 이 대목에서 정말 굉장한 것, '엄청난 구라'를 준비해 놓고 있는 것 같다. 그리고 옷을 만들어 주면, 육지까지 다리를 놓아준다는 제안은 얼핏 보면 가능한 일처럼 보인다. 그런데 왜 굉장한 거짓말이 되었을까? 이룰 수 없었기 때문이다. 왜 이룰 수 없었을까?

이쯤에서 우리는 앞에서 이야기를 꺼냈기 때문에 제주 사람이면 마음속에 지닐 수밖에 없는 설문대할망 콤플렉스를 떠올릴 필요가 있다. 설문대할망 신화에서 100은 '온(=모든 것)'을 뜻하는 신神의 수數다. 그것은 '완전함', '충만함'을 뜻한다. 그런데 인간의 모든 것은 하나가 모자란 100이라는 뜻의 99다. 이 수는 '모자람', '아쉬움'을 뜻한다. 우리가 이야기하는 설문대할망 콤플렉스는 100을 채울 수 없는 99의 한계 때문에 생기는 비극이다. 탐라 백성들이 거대한 여신 설문대할망에게 만들어 바쳐야 할 할망의 속옷은 제주도를 담을 만큼 무지무지 큰, 예를 들면 『장자』에 나오는 붕새[鵬鳥]의 날개만큼이나 큰 속옷이었다.

이 할망의 속옷을 만드는 데는 100통의 명주가 필요하다. 탐라 백성들이 위대한 할망의 속옷을 만들기 위해 제주에 있는 모든 명주를 다 모아도 99통밖에 되지 않았다. 결국 한 통이 모자라 탐라 백성들이 짠 할망의 속옷은 하나의 완성품이 될 수 없었다. 명주 한 통의 모자람 탓에 신이 만족할 만한 아름다운 속옷이 아닌 미완의 부끄러운 속옷이 되어 버린 것이다. 신은 이 미완의 속옷 때문에 인간 세상의 문명 창조 계획을 수정하지 않을 수 없었다.

명주 한 통이 모자란 탓에 음부가 드러난 미완의 속옷이 만들어졌다. 이는 예의염치를 아는 여신의 권위를 실추시켰다. 이와 같이 하나를 채울 수 없는 인간의 모자람은 결국 예의를 갖춰 감추어야 할 할망의 음부, 위대한 생식과 생산의 음문이 벌겋게 드러난 미완성의 속옷을 만들게 한 것이다. 그리하여 할망은 우스꽝스러운 미완성의 속옷 때문에 화가 났으며, 탐라 백성들은 명주 99통으로 짠 미완의 속옷을 통해 제주 땅의 물자가 너무 부족하다는 것, 가난하고 척박한 땅이라는 것을 통감하고 또 통감하였다. 이렇게 너무나도 모든 물자가 모자란 제주를 풍요로운 땅으로 만들려는 설문대할망의 문명 창조 계획은 수포로 돌아가 버린 것일까?

제주 사람이면 느끼는 한계는 모든 것을 갖춘 할망에 비해 전부 모아도 하나가 모자란 99에서 비롯되었다. 하나를 채울 수 없기 때문에 절망하고, 모자라기 때문에 절망했다. 물자가 부족하고 가난하기 때문에 느끼는 비애, 결국 할망을 만족시킬 수 없던 패배 때문에 제주 사람들이 겪는 괴로움을 우리는 설문대할망 콤플렉스라 하는 것이다.

그러므로 제주에서 육지까지 다리를 놓아주겠다는 할망의 제안은 결국 어느 쪽이든 실현 불가능한 제안이었다. 이러한 제안이 가능하려면, 신화 내용 속에 설문대할망이 인간 세상을 여는 데 필요한 문명 창조의 시나리오가 준비되어 있어야 한다. 앞의 빨래 이야기에서 부지런히 '옷을 빨았다'는 사건을 연상한 것은 "할망은 인간들에게 옷을 만드는 법을 가르쳐 주었다."는 내용을 포함하고 있던 것이다. 동물의 세계와 달리 '옷의 필요성'을 이야기하는 것은 인간 세상의 문명 창조 이야기이기 때문이다. 문화를 만드는 삶의 지혜와 관련하여 말하면, 단순히 추위와 위험에서 몸을 지키려고 만들어 입었던 가죽옷은 자취를 감추고, 누에를 길러 명주옷을 짜고 목화를 심어 무명을 짜 옷을 만들었다. 그렇게 옷은 날개를 달아 인간의 품격을 높였으며, 아름다움에 대한 미의식을 키웠고, 멋과 가치를 만들어 지니게 되었다.

할망이 옷을 입는 법을 가르쳤다는 문명 창조의 계획에는 옷을 입음으로써 얻는 이로움, 가릴 곳은 다 가리고 드러낼 것은 드러내어 아름다운 모습으로 태어나게 한다는 미적 수련 과정이 포함돼 있어야 한다. 그러나 미완성의 속옷은 설문대할망을 부끄러운 모습으로 탐라 백성들 앞에 나타나게 만들었다. 결국 다리를 놓겠다는 설문대할망의 계획은 무산될 수밖에 없던 것이다.

설문대할망이 다리를 놓다 만 흔적은 제주시 조천읍 조천리 엉장매코지 지명 전설에 남아 있다. 얼마나 큰 토목공사였을까? 신화가 말하는 거창한 계획과는 달리, 요즘 여기저기 지어지는 다리와 별로 다를 것 없는 모습니다. 엉장매코지에 남아 있는 설문대할망이 놓다 만 다리는 거창한 창조의 신이 놓던 다리, 세계 지도를 바꾸는 제주형 거녀 신화에 값하는 제주에서 육지까지 놓으려던 다리가 아니다. 사람들은 실망한다. 신화는 폄하되고 한 마을의 지명 전설로 남아 전해질 뿐이다. 그리고 사람들은 말한다. 신화가 되기엔 너무 초라하다고. 제주도에는 그런 거창한 설문대할망 신화는 없었다고.

이와 같이 곳곳에 남아 있는 지명 전설은 신화의 배반이다. 거창한 창조 신화를 초라하게 만들어 버리기 때문이다. 신화를 복원하는 작업은 초라하게 현실화된 지명 전설의 상징물이 되고 있는 유적들을 침소봉대하여 제주 사람들의 상상에 날개를 달아주는 작업이 되어야 한다. 사라진 신화 또는 신화의 왜곡으로서 만들어진 지명 전설을 역으로 유추하여 진정한 제주 사람들의 꿈과 이상의 세계를 복원해 낼 수 있어야 한다. 생각해 보자. 신화이기 때문에 가능한 것을 말이다. 속옷을 만들어주면 육지까지 다리를 놓아주겠다는 제안을 하던 신화 속의 시기는 언제였을까?

할망은 왜 육지까지 다리를 놓는 토목공사를 중단해야만 했을까? 할망은 화가 났다. 신화는 할망이 옷 만드는 법을 탐라 백성들에게 가르쳐주었다는 말은 감추고 있다. 그러나 옷은 추위로부터 몸을 보호해 주며, 부끄러운 곳을 가려준다. 그리고 몸을 아름답게 덮고 장식해 예의 바른 태도를 지니게 한다. 멋을 맘껏 누리게 한다. 옷의 발명은 인간의 미적 성숙의 척도다. 그리고 옷을 만들기 위해서는 길쌈이나 바느질도 필요하다. 지명 전설은 설문대할망이 길쌈하던 곳, 설문대할망이 바느질하던 곳이라 하며, 역사 속에서 또는 자연 속에서 증거물을 제시한다. 그런데 거녀 신화의 상징물에 미치지 않는 증거물 때문에 신화에서 찾아낼 수 있는 제주 사람들의 깊고 다양한 상상력은 퇴색되고 축소되어 지명 전설로 남아 있게 된다. 거녀 신화는 사라진 신화, 실패한 신화로 이야기되며, 오래전에 없어진 신화는 낡은 유물 같은 흔적으로 왜곡되고 축소된다.

할망은 다리 놓아주는 걸 포기했다. 왜 거창한 토목공사를 포기했을까? 제주 사람들이 만든 미완의 속옷 때문이다. 다 끌어 모아도 100통이 안 되는 명주, 작은 섬의 한계 탓에 부끄러운 속옷을 입게 되었기 때문이다. 이때 느끼는 수치심과 예의염치는 깨달음의 덕목이다. 육지까지 다리를 놓는다 해도 제주 섬은 편리한 만큼 공해에 찌든 세상이 될 것을 경계했음일까? 설문대할망이 외치는 소리가 들리는 것 같다.

"탐라 백성들아. 나도 할 말은 있어. 내 속옷 하나 만들지 못하는 사정을 모르는 건 아니지. 한라산 어딜 강 봐도 어신 건 어신 거주. 어느 세월에 다릴 놓을 거라. 내 생각엔 배 탕 육지 강 몇 100통이라도 명주를 사당 속옷을 만들면 될 거 아니?"

그렇게 해서 할망은 배를 타고 육지에 나가 세상을 돌며 장사를 하게 하였다. 그때부터 삼한을 왕래하며 무역을 하게 되었다고 후대의 역사서 『삼국지』「위지」'동이전'은 기록하였고, 탐라 백성들은 조금이나마 설문대할망 콤플렉스를 극복하는 방법을 배웠다.

6° 설문대할망 죽솥에 빠져 죽다

설문대할망, 두 번 죽다

설문대할망의 죽음 이야기는 '죽음을 통해 다시 살아남[再生]'을 이야기한다. "설문대할망이 '물장오리'에 빠져 죽었다."는 할망의 죽음 이야기는 무엇이 죽었고, 무엇이 다시 살아났다고 말하는가? 할망이 사라진 뒤 할망의 그림자를 닮은 제주 땅에 할망이 낳은 오백 장군이 한라산을 무대로 할망을 어머니[母神]로 모시고 살림을 시작하였다. 이 때부터 제주도는 오백 장군의 시대가 시작되었다. 이것이 인간 세상 역사의 시작이다.

창조주 설문대할망은 물의 신[水神]이었다. 물의 신이 죽어서 물로 돌아갔다는 것은 죽은 것이 아니라 신으로서 영생을 얻은 것이다. 드러난 것은 키가 크고 힘이 센 할망의 죽음이지만, 할망의 죽음을 통해 감추어진 것은 깊이를 알 수 없는 물의 심연 속에 영원히 간직하게 된 어머니의 사랑, 어머니로서 제주[自然]와 제주 사람들[人間]을 향한 변치 않는 사랑이다. 설문대할망은 물의 심연, 지하수의 물통 같은 제주의 심연에 인간 사랑, 영원한 어머니의 사랑을 담고 제주 사람의 마음에 한라 생수를 퍼주듯 사랑을 가르쳐주고 있다.

무엇을 어떻게 설명할 수 있을까? 신화이기 때문에 그런 것인가? 그렇다면 신화는 우리들에게 더 깊은 상징과 은유를 드러내야 한다. 물장오리에 빠져 죽은 할망은 물의 신이 되었다. 물속에 가라앉은 할망은 물의 신이다. 할망은 인간에게 사랑을 가르치는 물의 신, 영원한 사랑의 신이다. 신화답지 않은가.

그리고 물의 시대를 마감하는 지진 폭발, 불의 시대를 여는 굉음이 천지를 진동했다. 그것은 대단한 사건이었다. 천동지괴하는 '할망의 방귀'가 우르릉 꽝꽝 온 세상을 불살랐다. 설문대할망이 방귀를 뀌었는데, 그 소리가 세상을 뒤집었으며, 그 결과 세상은 화산의 폭발로 아수라장이 되었다. 할망 신화는 이렇게 적고 있다. 할망의 '힘'은 수면 속에 가라앉아 감추어지고, 할망의 몸속에서 내면의 불로 타오르던 '감추어진 불티'가 밖으로 드러나 세상을 활활 태우게 되었다는 것이다. 할망은 불을 간직한 불의 신이었다. 할망이 힘을 쓸 때마다 안에서 항문을 통해 방출하는 불의 배설을 '할망의 방귀'라 하였다. 그리하여 제주 땅에 혼자 외롭게 살아가며 홀로 태우던 '외로운 하나'는 제주 땅 속에 감추어진 불, 물의 형태로 끓고 있는 불로 내면화되고, 할망의 몸을 태우는 불꽃이 '신의 방귀와 같은 화산 폭발'로 새로운 세상을 열었다는 것이다.

할망의 내면에서 타오르던 불이 용광로처럼 한라산을 뚫고 폭발하던 그 순간, 할망의 몸과 하나가 된 제주 땅이 요동을 쳤다. 아, 아름다운 '할망 방구'의 굉음이여! 뀌는 순간의 폭발이여! 아, 아름다운 할망의 방귀 소리여! 제주도를 태우는 영원한 사랑의 굉음이여! 이렇게 인간은 감성적일 수밖에 없었다. 미칠 수밖에 없었다. 제주 사람들은 그렇게 할망의 방귀를 기다렸고, 불의 시대는 문을 열었다. 외로운 하나에서 두 개의 오백 시대를 열었다. 그리하여 물의 시대가 가고 불의 시대가 왔다. 오백 장군의 시대가 온 것이다.

오백 장군 시대의 수 철학

오백 장군 시대 수 철학은 즈믄[千]을 만드는 두 개의 500으로 이루어진다. 설문대할망은 어떻게 500의 딸들과 500의 남자 아이 장군을 낳았을까? 낳았다는 말보다 만들었다는 편이 더 사실에 가깝다. 그런데 확실하게 설명할 수 없다. 신은 인간처럼 음문을 통해 생산하지 않기 때문이다. 그렇기 때문에 신의 출생을 "성령으로 잉태하였다." "신이神異한 출생이었다." "큰 지렁이와 교접을 하여 김통정이란 장군이 태어났다." "제주의 무조신 초공신이며, 심방이 점을 치는 무구 요령, 신칼, 산판을 상징하는 '젯부기 삼형제'는 어머니의 겨드랑이를 뜯고 태어났다."고도 한다.

신이 신인 이유는 기이하게 출생했기 때문이다. 설문대할망 신화처럼 엄청 큰 할망만 혼자 살고 있는 세상에 아이가 할망의 뱃속에서,

남자와 교접을 하여 태어났다고는 할 수 없을 것이다. 그리고 다른 신화들처럼 이상한 출생이니 하며 얼버무려도 안 된다. 출생의 신비는 제주형 거녀 설문대할망 신화만이 갖는 고민이어야 한다. 그러면 제주 땅에 처음 살게 된 인간, 땅의 신, 인간의 크기, 인간의 힘으로 태어난 아이, 그렇지만 인간보다 조금 큰 장군, 힘도 장군, 밥도 장군, 술도 장군으로 먹는 오백의 장군, 한라산신이 된 아이는 어떻게 생겨났을까? 가장 제주도다운 출생은 땅에서 솟아났다거나 한라산에서 솟아났다는 것이다.

"설문대할망이 백록담 죽솥에 빠져 죽었다."는 이야기는 설문대할망은 불의 신으로 마음속에서 활활 타던 불을 꺼내 인간 세상에 불을 전해 주었다는 희생적인 사랑 이야기다. 불 위에 솥을 걸고 분주하게 몸을 움직여 배곯는 500명의 아이들의 만찬을 위해 죽을 쑤다가, 결국 죽솥에 빠져 죽었다는 이야기는 희생적인 죽음의 이야기다. 또한 불의 신이 인간에게 불을 전해 준 아름다운 불 이야기를 '제 몸 던져 사랑 이룬 어머니의 슬픈 사랑 이야기'로 뒤바꾸는 비극이다. 할망은 물속에서 영생을 얻었지만, 인간 세상의 여자아이를 자기와 닮은 500이나 되는 인간, 너무 크지 않고 너무 세지 않은 여자아이, 그렇지만 오백 장군이 콤플렉스를 느낄 만큼 설문대할망을 닮은 여자, 설문대할망의 분신들을 만들었다.

인간의 여자로 태어난 아이들은 그녀의 분신이며, 인간 세상의 신으로 한 몸처럼 활동하였다. 힘이 세고 키가 큰 할망이 500명의 여자아이로 이 세상에 생활하게 하였다. 인간의 신이 된 제주 여자들은 설문대할망 콤플렉스가 없는 할망의 분신이었다. 그러므로 태초 제주

공동체의 사람은 할망을 닮은 500의 여자와 땅 속의 불에서 나와 돌이 된 아이들, 500의 돌사람에서 할망의 정기를 받아 할망 몸속의 물과 불이 섞여, 피가 돌고 뼈대가 세워지고 살이 붙어 사람이 된 500의 사내아이들이었다.

사람들은 제주 땅 할망의 몸속에서 태어난 이 아이들을 "땅에서 솟아났다."고도 하고 영실靈室에서 할망의 영기를 받아 태어났다 하여 "설문대할망이 낳았다." 하기도 한다. 그러므로 오백 장군 시대는 설문대할망을 창조주로 모시고, 할망을 닮은 여자아이와 한라산신 오백 장군이 사는 최초의 공동체, 탐라의 탄생인 것이다. 설문대할망 신화에서 할망은 사랑의 불 속에서 아이를 낳았다고 한다. 인간이 할망의 몸속에 있는 생산의 불 속에서 태어났다는 것이다. 옛날의 제주 여자는 할망의 분신이었다. 그러므로 500의 여자아이들은 물의 속성을 지닌 생산의 불에서 빛을 만들어 길쌈을 하고, 바느질을 하고, 옷을 만들고, 빨래를 하였다. 생산의 불로 밥을 지었다. 남자아이들, 500의 장군들은 실제로 불을 가지고 쇠를 녹여 농기구를 만들고 활과 칼을 만들어 사냥을 하였고, 솥을 만들어 모든 음식을 장만하게 하였고, 할망이 육지까지 다리를 놓아준다 했을 때, 여자들이 속옷을 짤 때, 오백 장군들은 온 힘을 다하여 다리를 놓는 토목공사에 적극적으로 참여했다. 남녀 제주 사람이 힘을 모아 'ᄌ믄' 세상을 열었을 때, 완전한 하나, '일천'이 되었을 때 느끼는, '수눌음'의 완성이었다. 그때 명주가 한 통만 더 있어 '온'[一百]이 완성되었으면, 세계 지도가 달라졌을 거다. 오백 장군은 한라산신이며 불의 신으로 훗날 한라산을 지키는 장군선왕 불도깨비가 되었다.

할망 같은 여자와 한라산신 오백 장군이 제주 땅에 살던 시대에 그들은 무엇을 양식으로 삼았을까? 한라산 시대 신의 양식으로써 죽은 무엇이며, 할망이 솥을 놓고 지었던 밥은 무엇일까? 백록담에 솥을 걸고 설문대할망이 지었던 죽은 이랬을 것이다. '용암이 부글부글 끓다'가 변하여 '팥죽이 폭폭 끓다'로 변한 것이라면, 분화구에서 용암이 끓는 현상을 "할망이 백록담에 죽솥을 걸고 불을 때어 아이들의 죽을 쑤다가 죽솥에 빠져 죽은 것"이라고 한다면, 신의 죽음, 어머니의 희생은, 아이들을 위해 목숨까지도 아낌없이 주는 희생제의犧牲祭儀를 가르친 것이다. 어머니의 고기를 놓고 끓인 죽은 어머니의 살신성인으로 배고픈 아이를 살린다는 설정 때문에 처절하다. 설문대할망의 죽음은 처절하기 때문에 아름다운 비극미를 간직한 창조 신화가 되었다. 지금도 한라산 영실에는 499개의 장군처럼 괴이하게 생긴 돌사람이 있고, 한경면 고산리 차귀섬에는 막냇동생 하나가 외롭게 서 있다. 죽솥에 빠져 죽었다는 슬픈 이야기는 화산섬 사람들만이 들려줄 수 있는 신들의 이야기다.

7° 할망이 싼 똥, 360개의 오름 되다: 신의 항문에서 태어난 오름

이번에 하는 할망 이야기는 똥으로 만든 아름다운 세상 이야기다. 그것도 제주도보다 큰 여신 설문대할망의 똥이다. 양도 많고 힘도 세어, 치우기도 힘든 거대한 똥 이야기니 말로만 끝내기도 어렵다. 게다가 똥이란 선입견 때문에 더럽고 냄새 나는 이야기니 이 모든 것을 상쇄시켜 아름다운 생산과 풍요의 세상을 만든 이야기로 여러분의 뇌리 속에 남아 있으려면 할망의 오감 어느 부분을 건드려야 할까?

할망처럼 크지만 멀리 있어 작게 보이는 아름다운 밤하늘의 별이 똥을 싼다. 별이 싼 똥을 사람들은 별똥별이라 부른다. 너무 멀리 있어 영롱하게 반짝이지만 냄새가 나지 않기 때문일까? 하늘을 가르며 떨어지는 별똥별의 운행을 사람들은 아름답다 한다. 별의 똥이기 때문이다. 아기가 똥을 싼다. 아기가 똥을 누려고 젖 먹은 힘을 다해 용을 쓰는 모습은 아름답다. 아기의 것은 똥도 아름답기 때문이다. 아기는 세상에 태어나서 처음으로 뭔가 야릇한 감촉을 느끼며 자신의 힘으로 무언가를 생산해 내고 있다. 아기의 꿈이며 자부심 덩어리인 '똥'은 우주를 창조하는 일과 다르지 않다.

할망의 똥이 만드는 우주 창조의 시나리오나 아기가 만들어내는 똥 꿈은 모두 배설을 통한 창조다. 배설의 창조는 항문에서 시작된다. 그러므로 별의 똥이 만드는 별똥별도, 끙끙거리고 용을 쓰며 만들어낸 아기의 똥도, 할망의 똥이 만들어내는 우주 창조의 시나리오도 아름답다. 아기의 작은 항문에서 이루어내는 꿈은 우주를 뒤흔드는 할망의 힘과 견줄 만한 것이기 때문이다. 태초에 여신이 세상을 창조하는 방식과 한 인간이 태어나 최초로 무언가를 창조하는 방식이 일치한다는 사실이 흥미롭다. 태초에 창조주가 그러하였듯 똥을 누는 행위도 신성하다. 그렇다면 할망의 똥, 할망이 싼 똥이 제주도 360개의 오름이 되었다는 똥 이야기는 아름답다. 그것도 너무 양이 많아 똥산을 이루었고 똥바다를 이루었으니 신의 배설물이 우주를 창조했다는 이야기, 화산 폭발과 같은 노아의 홍수 이야기는 아름답다.

할망이 창조한 우주 창조의 시나리오, 즉 할망의 똥이 오름[山]이 되었다는 식의 이야기를 항문 출산肛門出産(anal birth)이라고 한다. 이렇게 할망의 똥은 오름이 되었고, 할망의 털은 나무가 되었고, 할망의 피는 샘물이 되었고, 할망의 뼈는 돌과 바위, 할망의 살은 땅과 밭, 할망의 오줌은 바다의 해초와 해산물이 되었다. 그리하여 할망의 몸 하나로 제주도를 다 만들었으니, 할망이 제주도라는 말은 이러한 할망의 모든 작업을 통틀어 말한 것이다. 그중에서도 설문대할망 신화를 세계적인 창조 신화로 만드는 신화소神話素는 할망의 똥과 오줌이 만드는 드라마틱한 창조 작업이다.

할망의 똥 이야기는 극적이며 거창하고 위대하다. 거대한 여신의 똥, 한번에 배출하는 산만큼 큰 황금빛 똥산, 그것이 지금의 아름다운 360개의 오름이라는 것이다. 신의 몸에서 제주 자연을 출산한 것이다. 할망의 똥으로 말하는 우주 창조의 이야기에는 항문 출산의 원리, '신의 몸에서 배설한 자연'이라는 은유가 숨 쉬고 있다. 신과 자연의 순환, 신의 몸에서 자연이 만들어졌다는 순환의 법칙이다.

할망의 오줌은 배설물이 아니라 생산물이다. 오줌은 생산 생식의 원소다. 할망의 오줌은 바다밭을 살찌게 할 해산물이며, 그것은 할망의 자궁이 낳는다. 할망의 자궁은 해산물 창고라는 할망의 오줌 이야기는 다음으로 미루고 다시 똥 이야기를 정리하자. 결국 별똥도, 아기의 똥도, 설문대할망의 똥도 신이 만들어낸 자연이다. 신의 항문에서 나온 배설물이 제주의 아름다운 자연을 만들었으며, 신의 몸에서 분출된 배설물이 자연을 만들었다.

여기에도 화산 폭발처럼 압도하는 똥싸기의 극적인 연출이 있다. 할망의 똥은 그냥 똥이 아니라 360개의 오름을 만들 만큼 한 번에 싸갈긴 설사똥이라는 것이다. 360개의 오름을 한 번에 배출 분사했다는 것은 보통의 화산 폭발이 아니라 우주 대폭발에 버금가는 똥의 난리, 똥의 홍수였을 것이다. 할망이 360개 오름을 순식간에 출산한 자궁의 힘은 화산 폭발의 무시무시한 분출력을 상징한다. 이와 같이 설문대할망의 똥이 제주의 아름다운 오름이 되었다는 우주 창조 시나리오는 이어져 우주 순환의 법칙을 만든다. 신의 똥은 자연이 되었다. 자연에서 인간은 곡식을 얻었고, 할망이 가르쳐준 불을 이용하여 밥을 지어

먹고, 똥을 싼다. 인간의 똥은 자연의 거름이 된다.

고혜경은 『태초에 할망이 있었다』에서 제주 똥돼지 이야기와, 똥으로 황금빛 오름을 빚고 오줌으로 바다를 풍요롭게 한 설문대할망 신화의 똥 이야기를 재밌게 그리고 있다. 그는 여기서 인간의 똥이 돼지의 밥이듯, 마소의 똥이나 인간의 똥은 흙의 밥이다. 흙은 생명에게 밥을 주고 생명은 똥을 누어 다시 흙에 밥을 준다. 똥이 밥이 되고 밥이 똥이 되어 똥과 밥은 영원히 순환한다. 수운 최제우 선생은 "흙이 똥을 마다하지 않는 것은 오곡이 풍성하게 열릴 것이기 때문이다."라고 표현한 바 있다. 똥 안에는 흙의 밥이 될 만큼 엄청난 생명력이 응집되어 있는데, 이 똥심이 새 생명의 재생, 즉 부활을 낳는다고 하였다. 그렇다면 인간의 똥 이야기도 냄새만 나는 이야기는 아니다. 우리는 설문대할망의 똥 이야기를 통해 제주형 거녀 신화 속에 녹아 있는 세계성과 화산섬이라는 제주적인 독창성을 지닌 똥의 재생과 창조의 힘을 그려볼 수 있다.

8° 할망의 오줌 홍수에 밀려나 생겨난 소섬: 설문대할망의 오줌에서 생겨난 것들

"옛날 성산 일출봉에 아침 해가 떠오를 때쯤 되었을 거라. 할망이 바당에 빨래하러 왔다가 오끗 오줌이 마려운 거라. 거기서 참던 오줌보를 클러분 거라. 그 순간, 할망 음문에서 괄락괄락 오줌이 쏟아져 나오는데, 내 터져 내려오는 듯, 홍수 지듯, 물소리 바람소리 범벅되고, 땅은 갈라져 되싸지멍 밀려나고, 바당은 되싸졌당 부서졍 큰절(큰파도) 지치며 물살은 바당에 모살도(모래도) 다 씰어부런 성산포 앞바당이 물게꿈(물거품)을 내멍 정말 지픈 바당 되어분 거라. 할망은 그제사 일출봉을 돈돈허게(든든하게) 쇠줄로 묶언 물게꿈에 쓸려가지 못하게 했다지. 해뜨는 거 보잰. 그루후잰(그 뒤로부터) 할망은 소섬을 빨래판으로 삼아 빨래를 했는데, 그때 할망은 뭘 빨았을까?"

설문대할망이 싼 오줌 홍수에 제주의 동쪽 성산포 땅이 떨어져나가 소섬(우도)이 되었다는 신화의 수수께끼를 풀어 보기로 하자. 할망은 왜 하필이면 해 뜨는 일출봉이 있는 동쪽 바다를 향해 오줌을 누었을까? 우주의 창조나 나라의 개국은 동쪽에서 일어나며, 그것을 다른 신화 「천지왕 본풀이」는 '동성개문東城開門'이라 한다. 첫닭이 울어 새벽을 알리자, 동쪽으로 해가 떠올라 세상이 열렸다는 이야기다. 삼성신화三聖神話에서는 동쪽 바다 열혼포(지금의 성산읍 온평리) 혼인지에서 삼신인이 벽랑국의 세 공주를 맞아 결혼하여 나라를 열었다고 한다. 그러나 설문대할망 신화는 성산 일출봉에 해 떠오를 때 거대한 하문을 열어 오줌을 싸니, 땅이 갈라져 나가 빨래판 같은 소섬이 되었다고 한다. 지금도 소섬은 해산물이 많은 '섬 중 섬(빨래판)'이며, 할망이 만든 바당밭(해녀들이 물질하여 해산물을 잡는 해녀 작업장)이다. 해녀들이 전복을 따고, 미역을 캐는 소섬 바당밭은 지금도 크고 기름지다.

'할망이 오줌을 누었다'는 그때의 창조 행위는 어떻게 풀어야 할까? 할망이 오줌을 누자, 할망의 하문이 열리고, 할망의 오줌보에서 온갖 생명이 쏟아져 나왔다. 큰 고래에서부터 작은 자라돔까지 온갖 물고기와 문어, 해삼, 소라, 전복 같은 해산물과 미역, 우뭇가사리(천초) 몸, 톳 같은 해초까지 쏟아져 나와 할망의 빨래판밖에 안 되는 소섬둘레의 바다밭을 풍요롭고 기름지게 하였다. 결국 할망이 오줌을 싼 일은 '바다에 씨를 뿌린' 행위였으며, 그것은 미래의 제주 해녀들을 위해 바다밭을 가꾸는 일, 생명 출산의 생산 활동이었다.

할망의 똥이 오름을 만들었다는 항문 출산과는 다른 경우로, 할망의 하문에서부터 온갖 해산물이 쏟아져 나왔다는 것은, 자궁 출산이라는 생산 행위이며 바다에 싼 할망의 오줌은 생명을 키우는 양수였다. 그러므로 할망이 동쪽 바다에 오줌을 싼 행위 자체가 바다에 생명을 불어넣은 물질의 시작이었다. 그리하여 할망의 오줌 홍수는 기름진 바다를 만들었고, 할망은 제주 해녀의 수호신이 되었던 것이다.

제일 중요한 수수께끼는 아직도 풀리지 않았다. 할망의 무서운 정력에 의해 떨어져 나가 만들어진 섬, 빨래판이 된 소섬 위에 할망은 무엇을 놓고 무엇을 빨았을까? 그때 빤 옷은 어떤 옷일까? 오줌에 쓸려가 만들어진 빨래판, 제주도란 섬을 섬 중 섬인 빨래판에 넣고 빨 수는 없었을 거다. 그리고 제주도만 한 할망의 옷을 빨기에는 빨래판이 너무 작았을 거다. 할망의 빨래판은 할망의 더러워진 속옷, 오름을 만들며 더러워진 속옷을 탐라의 해녀들이 바당에 물질 갈 때 입던 속옷을 빨 듯 빤 빨래판이다.

속옷을 빠는 이야기는 앞에서 할망이 제주 백성들에게 빨래를 가르쳤던 문명 창조의 이야기와는 다른 이야기다. 할망이 제 속옷을 빤 이야기에는 세상에 해녀들이 바당에 물질 나갈 때 입는 해녀복의 기원을 말하려는 것이며, 할망이 속옷을 빠는 행위를 통해 해녀의 생산 활동인 '물질'과 할망이 만든 바다밭 이야기를 하려는 것이다. 섬 중의 섬, 제주 속의 소섬, 할망의 빨래판은 제주의 모든 더러워진 것들을 놓고 빠는 정화의 빨래판이었다. 세상을 빠는 빨래판으로 소섬을 사용했다는 거다. 그러므로 할망의 오줌 홍수가 만들어낸 빨래판에는 제주의 모든 빨랫감을 끊임없이 빨고 또 빠는 행위, 그런 생산과 재생을 함유하고 있다. 그리하여 할망의 오줌 홍수는 제주 해녀들의 일터인 바다밭을 만들고 바다밭에서 물질하는 제주 해녀의 세상을 이야기한다.

할망의 오줌 홍수 이야기에는 우주 창조 이후, 할망의 오줌 속에서 바다 생명들이 생겨나는 이야기다. 거기에 동해에 떠오르는 태양을 보며 우주 창조의 신새벽에 오줌을 싸는 할망의 행위는 생명의 땅, 빨래판을 만드는 의식이며, 빨래판이 된 소섬을 깨끗하게 씻어내는 정화 의식이다. 그리고 소섬을 해녀들의 삶터, 바다 농사의 터전으로 바다밭을 가는 경작 의례다.

여기서 잠깐 다른 홍수 신화와 오줌 이야기를 살펴보자. 히브리인들의 홍수 신화인 '노아의 방주' 이야기에서는 인간의 죄에 분노한 신이 대홍수를 일으켜 지상의 생명을 앗아가 버린다. 결과는 홍수로 정화된 세상에 새로운 세계가 건설되는 것이지만, 홍수 자체는 인간의 죄에 대한 신의 징벌이다. 프랑스의 소설가 르 클레지오는 그의 소설 『홍수』에서 억만의 시간 동안 떨어지는 물방울이 바위를 뚫는다는 비유로 홍수의 파괴력을 말한 바 있다. 이렇게 홍수는 상상을 초월하는 파괴력이며, 씻김을 통한 재생력이다.

우리의 설화 중 가장 유명한 오줌 이야기는 김유신의 누이 문희와 보희 자매의 오줌 꿈 이야기다. 언니 보희가 동생 문희에게 간밤의 꿈을 이야기한다. "서악에 올라가 오줌을 누자 서라벌 장안에 가득 찼다." 이 꿈을 들은 동생 문희는 비단 치마를 꿈 값으로 지불하고, 치맛자락을 벌려 언니 꿈을 산다. 꿈을 산 문희는 뒷날 김춘추와 결혼을 하여 왕비가 되었다. 오줌 홍수가 터져 나와 바다를 이루는 꿈과 신화에서 공통적으로 눈길을 사로잡는 대목은 어마어마한 오줌의 양이다. 여성의 엄청난 양의 오줌과 오줌발은 음기가 강한 여인, 풍요와 다산의 기운이 넘치는 여인 문희가 통일신라의 첫 왕비가 되는 엄청난 오줌 꿈과 적절하게 연결된다. 엄청난 양의 오줌은 창조주의 정력이며, 생산력이 변하여 왕업을 이을 권력과 힘으로 바뀐 것이다.

파괴의 힘과 창조의 힘을 다 가진 모든 여인들의 원형적인 인물은 설문대할망이고, 창세의 순간, 우주 창조의 기운이 가장 왕성하던 때 여신이 창조한 오줌 홍수가 이 막강한 오줌발들의 원조였음을 보여준다. 그리고 거칠고 원시적이고 힘 있는 할망의 오줌 신화에서 빼놓을 수 없는 대목이 하나 더 있다. 바다뿐 아니라 소섬이라는 섬도 오줌 홍수라는 창조의 결실이라는 거다. 오줌 홍수에 떠내려간 땅이 만든 섬, 그 섬은 할망의 빨래판으로 쓰이던 섬이며, 섬에는 할망이 오줌에서 생겨난 생산물 창고와 같은 바다밭이 있다. 그러므로 홍수 신화의 파괴력과 오줌 신화의 생산력을 두루 보여주는 할망의 오줌 홍수 이야기는 홍수, 쓰나미와 같은 파괴를 통한 재생, 씻김의 정화이며, 엄청난 양의 오줌으로 쏟아내는 생명 창조의 힘, 바다를 기름지게 하고 바다에서 생명을 키워내는 자궁 출산의 힘이다. 그러므로 할망의 오줌 이야기는 할망을 닮은 미래의 해녀들의 세상, 빨래판에서 세상을 씻는 거창한 창조 작업이기도 하지만, 해녀들의 바다밭이 세상에 생겨난 이야기이기도 하다.

9° 물고기 모는 어구, 설문대하르방의 살 막대기

오늘 설문대할망 이야기를 마치려 한다. 그런데 할망 이야기에서 빠뜨릴 수 없는 것이 하나 있다. 하르방 이야기다. 설문대하르방은 있었는가? 없었다. 우리가 아는 설문대하르방 이야기는 후에 만들어낸 이야기다. 마지막 이야기는 뭔가 잘못 만들어진 것 같은 설문대하르방 이야기다. 그렇지만 반드시 짚고 넘어가야 할 이야기다. 혹자는 설문대하르방이 있었는데 그 하르방은 설문대할망의 음문에 대적할 만한 '거대한 남근을 가진 남자'라 한다. 그런데 그 하르방은 어색하게 달려 있는 성기를 꺼떡꺼떡 흔들며 바다 한가운데 서서 할망의 음문으로 물고기를 몰아다 주었다 한다. 그러면 할망은 물고기를 음문으로 받아 음문 안에 가두어 잡았다는 이야기다.

이 이야기는 하르방이 할망과 같은 거인이며, 몸 크기에 걸맞은 엄청난 남근의 소유자였고, 이 거대한 남근으로 바다를 휘저어 고기를 잡았다는 이야기다. 창세의 거녀 신화가 세속화되어 인간 사회의 우스갯소리로 전락해 버린 이야기다. 여기서 하르방은 고기잡이의 조력자다. (이 이야기는 후에 어부 수호신이 되었다는 이야기와 이어진다.) 아무튼 하르방 이야기에서는 신화의 신성성이 사라지고 우스개[逸話, 笑話]가 되어 버렸다. "오죽 할 일이 없었을까? 연장은 그런 데 쓰라고 달린 건가?" 하며 웃고 마는 하르방 이야기는 '설문대'에 할망 대신 '하르방'을 갖다 붙여 만든 '물고기를 모는 설문대하르방 살 막대기 이야기'다.

민속학자 주강현이 말하는 팔도에 있는 남근 신앙은 아니다. 그가 우리나라 삼천리 방방곡곡의 유명한 남근석들을 답사한 뒤 "남근, 남근암, 남근탑, 수탑, 성기바위, 미륵바위, 자지바위, 좆바위, 삐죽바위" 같은 이름들을 소개하면서 그 바위에 가서 빌면 남자아이를 낳는다는 남근 바위 이야기와는 다른 이야기다. 설문대하르방 이야기는 설문대할망 신화 쇠퇴기에 만들어진 변형된 이야기 이상의 의미부여가 불필요한 이야기다. 그러나 설문대하르방 신화는 하르방이 바다 농사의 조력자임을 분명히 한다.

설문대하르방은 할망의 짝이라고 갖다 놓아도 정말 어색한 하르방이다. "하르방을 만들어 할망 조끗디(곁에) 보초 세완(세워) 물고기를 다울리랜(급히 몰아 쫓으라) 했는디 할망 강알(사타구니 아래)로 몰아갈 만한 연장이 어싱거(없었던게) 아니? 하르방은 생각다 못해 하르방의 물건을 고딱고딱 흘들멍 괴기를 다울렸댄 허매(하지). 그게 사실인줄은 나도 몰르크라. 아맹해도(아무래도) 말 좋아허는 하르방이 이선지워낸 말일테주. 할망 혼자 외로우카부댄." 하고 웃고 넘길 이야기일 것이다.

마지막 이야기는 설문대할망이 표선리 당캐 바다를 차지한 신이 되면서 이름도 세명주할망으로 바꾸어 부르게 되었다는 이야기다. 아득한 옛날 제주 땅을 설계하고 만들었다는 창조주 설문대할망이 먼 훗날 한 마을, 표선리 당캐 바다를 지켜주는 해녀 수호신으로 좌정하였다는 이야기다. 그리고 할망의 신으로서의 기능은 대부분 다 가지고 있으면서도 이름은 '세명주할망'이라 부른다. 할망이 하는 일은 바람을 말리는 일, 바람을 내쫓는 일, 바람을 모는 일이었기 때문에 '바람할망[風神]'이라 부른다. 그리하여 설문대할망은 표선 당캐를 지키는 세명주할망이라 부른다. 이때부터 할망은 일만어부 일만 줌수를 지켜주는 해녀 수호신이 되었고, 하르방은 할망을 도와 어부를 지켜주는 신이 되었다.

"어느 날, 할망은 오백 장군들에게 한라산을 지키라 하고, 지리서를 들고 좌정처를 찾아 한라산을 내려왔다. 앉아 천리를 보고, 서서 만리를 보는 신통력을 지닌 세명주할망이 지리서를 내다보니, 표선면 당캐가 좌정할 만하였다. 그리하여 나고 드는 상선 중선 하선과 만민 자손, 천석궁 만석궁이를 다 거느리고, 잠녀들을 거부자로 만들어주는 표선면 당캐[堂浦]의 어부와 해녀를 차지한 신이 되었다."

이야기의 시작에서 설문대할망은 손가락 끝을 움직여 왁왁한 어둠을 뚫었고, 바람을 일으켜 세상에 빛을 내어 하늘과 땅을 갈랐으며, 물을 뒤집어 땅을 만들고, 땅에는 자신의 똥과 오줌으로 오름을 만들고 생수가 솟아나게 하였으며, 자신의 몸을 이루는 지수화풍地水火風을 몸에서 꺼내어 세상을 만들었다. 지금도 할망은 제주 바람으로 살아

우리를 지켜주신다. 제주의 해녀와 어부들을 지켜주는 것도 할망의 일이었으니, 설문대할망의 몸은 미래의 제주, 우리들의 이여도라 할 것이다.

제2부

자청비—세경 본풀이

1° 자청비, 오곡의 씨를 가지고 하늘에서 내려온 뜻은

신화를 이야기할 때는 '신나는' '들뜬' '기분 좋은' 상태에 놓여 있어야 한다. 그래야 "귀신의 본本을 풀면, '신나락 만나락 하고', 생인의 본을 풀면 백년 원수가 되는"(본풀이를 하여 신을 찬양하면 신명이 나고, 산 사람의 면전에서 험담하다가는 원수가 되는) 이유를 알 수 있을까? 신화는 언제나 재밌게 이야기를 만들어 신나게 풀어야 한다. 그러므로 본풀이를 구송할 때는, "오늘, 오늘, 오늘은 오늘이라. 날도 좋아 오늘이요. 달도 좋아 오늘이네." 하며, 신나게 덕담으로 창을 하여 풀어 나가는 것이다.

2부에서는 이 땅을 지배하는 여신, 세상에서 제일 아름다운 여신, '막 고운 우리 할망', 자청비 할망이 '노각성 주부연줄(천제석궁의 오른쪽 끝으로 이어진 줄)'을 타고 세상에 내려온 뜻을 생각하며, 제주의 농경 신화 「세경 본풀이」, 아름다운 여신 자청비 이야기를 할 것이다. 제주 사람에게 '아름다운 여신'은 '막 고운 할망'이다. 이야기의 시작은 '우리 할망은 얼마나 고왔을까?' 하는 신화의 문맥에서의 '아름다움'의 의미 해석과도 연결된다.

이야기를 시작하며 다시 묻고 싶은 것은, 제주도에서만 전승하고 있는 내용들이다. 농경신 자청비는 땅을 다스리기 위해 왜 입춘날 하늘에서 내려왔으며, 그때 자청비를 모시고 하는 하늘굿으로서의 입춘굿은 어떤 내용을 담고 있었을까? 아름다운 여신 자청비가 하늘옥황천지왕에게서 오곡의 씨를 받아 입춘날 지상에 내려온 의미는 무엇일까? 그리고 우주의 중심이라 생각되는 광양당의 팽나무[宇宙木] 아래 제단을 만들어 거행하였던 입춘날 하늘굿은 어떤 굿이었을까? 그 풍농굿, 바로 새 철 드는 날, 입춘날에 세경할망 자청비를 찬양하는 자청비맞이굿은 어떤 굿이었을까? 이런 몇 가지 수수께끼부터 풀어보겠다.

자청비맞이굿 굿판에서 탐라왕은 몸소 소를 몰아 '친경적전親耕耤田', 즉 친히 만백성 앞에서 밭을 갈아 본을 보였다. 이와 같은 고대 하늘굿으로서의 입춘굿의 의미를 풀어내는 일, 그리고 그 입춘굿에 땅의 신이자 농경신으로서 세경할망의 위상을 바르게 세우는 일들을 생각해 본다.

입춘굿은 입춘날 한 해의 농사를 맡고 땅을 다스리는 농경신 자청비와 함께 하늘에서 내려와 땅의 일[世事]를 관장하는 신들이 새봄의 파종으로부터 일을 시작하는 날 거행하던 하늘굿이며 풍농굿이었다. 그러므로 자청비 신화의 올레글은 입춘날의 밭갈이 이야기가 된다. 이는 탐라국의 건국, 그리고 하늘굿으로서의 입춘굿과 나라굿으로서의 광양당제가 모두 농경신 세경할망 자청비가 지상의 신으로 자리 잡으면서 생겨난 이야기이기 때문이다. 따라서 「세경 본풀이」의 풀이를 완성하려면 탐라국 건국 초기의 하늘굿으로서 입춘굿과 세경 땅, 세경할망과 파종 의례로서의 입춘굿의 의미들을 본풀이에 앞서 살펴봐야 한다.

제주도의 본풀이에서 화자는 신의 만남을 이렇게 이끌어 간다. "느진댁이 정하님아. 저 먼 정 올레에 나강 보라." 동작이 느리기 때문에 지어진 별명 '늦은댁 정하님'을 부르며, "저기 멀리 정낭 있는 올레(입구)에 나가 보아라." 하는 것이다. 이러한 말을 듣고 문 밖에 나가 신을 만나는 이야기에서부터 신화는 시작된다.

농경 신화 자청비 이야기를 시작하려면, '세경'의 뜻을 알아야 한다. '세경'은 땅을 뜻하며, 땅이란 의미 속에는 '농사를 짓다', '땅속에 묻히다'는 뜻을 포함하고 있다. 그리하여 농토農土 음택陰宅이란 의미까지 포함하여 땅을 '세경 땅' 또는 '세경 너븐드르[廣野]'라 부른다. 그러므로 세경신은 땅을 지키는 신, 농사를 도와주는 농경신 '세경할망'이며, 농경신 자청비를 일컫게 된다. 그리고 농사일은 세상 이야기, 땅의 이야기의 시작이다. 그리고 땅의 이야기는 하늘의 농경 · 목축 신을 상세경 문국성 문도령, 땅의 신 중세경 자청비, 하세경 정이어신 정수남이의 역할을 풀어나가는 데서 신화는 완성된다.

그렇다면 농경신 자청비는 어떻게 태어났을까? 그녀는 하늘의 천지왕에게 여자로 태어나게 해달라고 '스스로[自] 청[請]하여 여자[妃]로 태어난 신'이다. 그리고 자청비의 아름다움이 함의하는 의미는 어떻게 풀어가야 할까? 그녀는 '막 곱닥헌(고운) 할망', 미美의 신이었으며, '하늘의 큰 난리[大亂]를 평정한' 여성 영웅이었으며, 두 명의 남신男神을 조정하는 지혜의 신이었으며, 하늘에서 얻어온 오곡의 씨를 들에 뿌리는 생산과 풍요의 신이었으며, 하늘과 땅을 오가며 실컷 아름다운 사랑을 나눈 정열의 신이었으며, 남장하기를 좋아하는 양성兩性의 신이었다.

자청비 신화에서 풀어야 할 또 하나의 숙제는 미와 지혜의 신이자 여성 영웅신에게 상대적으로 열등감을 갖게 되는 남신들, 자청비와 겨루면 늘 패하기만 하여 결국 '자청비 콤플렉스'에서 벗어날 수 없는 남신들, 아니 제주 남자들의 열등감을 어떻게 볼 것인가 하는 점이다. 이를 풀기 위해선 먼저 '자청비 콤플렉스'의 심리적 요인들을 찾아보아야 할 것이다. 그러므로 자청비 신화에 등장하는 두 남자[男神]의 만년 2등 콤플렉스, 말하자면 여성 영웅신 자청비에게 이길 수 없어 늘 2등밖에 못하던 문도령의 무능과 성적 본능을 주체하지 못하고 달려들지만 자청비에게 죽임을 당하고 마는 목축신 정수남이의 동물적 야수성을 지칭하는 자청비 콤플렉스에 대한 연구는 제주도 신화 연구에서 중요한 키워드가 될 것이다. 자청비 올레에 들어서며 이야기할 것이 너무 많아 한편으론 걱정이 된다. 자청비의 올레에 들어서면서 쌓인 숙제를 어떻게 풀어낼까? 자청비 신이시여, 당신이 세상에 내려온 뜻은 무엇이었나요.

2° 자청비를 맞이하는 나라굿

하늘굿과 입춘굿

자청비네 올레에 들어왔다. 땅의 여왕, 농경신 자청비는 어떤 신일까? 아름다운 여신이다. 그러나 '아름답다'는 것은 어떻게 아름다운가 하는 문제를 제기할 뿐이다. 그것은 2부가 끝났을 때 완성될 '막 곱딱헌 우리 할망'으로 결정될 할망의 모습이다. 모든 신화 이야기는 하늘 옥황의 「천지왕 본풀이」부터 풀어가는 게 순서겠지만, 나는 그렇게 생각하지 않는다. 제주 땅을 만들고, 제주 땅에 사람으로 살게 하는 신화(자청비 이야기)를 먼저 다루고 나서, 이 세상에 하늘굿을 하여, 하늘과 땅의 질서를 잡아 나가는 제의 순서(젯ᄃ리)를 결정할 것이다. 그러므로 필자는 무속에서 '일반 본풀이'로 이야기되는 큰굿의 젯다리 순서와는 달리, 먼저 설문대할망이 만든 제주 땅, 거기에 땅의 질서를 잡아가는 자청비 이야기부터 시작해 보려는 것이다.

농경신 자청비의 이야기에서, 땅의 질서를 세워나가는 탐라국의 건국 시기의 나라굿은 어떤 의미를 지니는가? 하늘에서 내려온 세경신 자청비를 모시고 지내는 입춘굿 '세경할망 자청비 맞이굿'의 원형을 그려보는 데서 자청비 이야기를 시작하겠다.

자청비 이야기는 설문대할망이 만든 세상에서 사람이 어떻게 모듬살이를 시작했는가 하는 이야기가 될 것이다. 그것은 인간이 하늘에 제사를 지내는 하늘굿 이야기이며, 결혼을 하여 가정을 이루고 마을을 건설하며, 결국 탐라라는 나라를 세운 이야기이다. 처음으로 농사를 시작한 이야기, 생산과 풍요의 이야기, 세경할망 덕택에 오곡의 씨를 뿌리고 수확하는 풍농굿 이야기다. 그것은 진정 인간 세상 이야기, 신의 이야기를 본으로 한 사람 이야기가 될 터이다. 이런 이야기 속에서 인간의 감성을 움직이는 세경할망 자청비의 사랑과 낭만, 지혜와 풍류를 배우는 이야기가 될 것이다.

왁왁한 어둠에 손가락을 대보는 기분으로 세상을 열던 설문대할망 이야기와 그 뒤를 이어 한라산 시대라 할 수 있는 오백 장군 시대 수천년이 지나가 버렸다. 할망이 만든 땅에 생명의 이야기, 인간 시대의 이야기를 시작해야 할 때가 되었다. 맨 처음의 세상은 어둠을 여는 빗장처럼 막연한 시작이었다. 세상이 밝아오면서 설문대할망은 완전한 하나에 대한 외로움과 동시에 하나를 채우지 못하는 99의 불완전을 발견했다. 결국 이 세상에 할망의 아이들, 한라산에서 솟아난 오백 장군과 할망의 그림자로 만든 여자 아이들을 맺어주어 한라산신들의 세상을 인간의 세상으로 바꾸었다. 그것은 신의 이야기가 아니라 왕이 될 아이들이 땅에서 솟아난 이야기였다. 공동체의 수, 남북의 두 문화를 이야기하는 두 개의 500, 아니, 500의 남자와 500의 여자 선남선녀를 위하여 한라산을 오르며 대각록(큰뿔 사슴) 일천 마리를 잡고, 한라산을 내리며 소각록 일천 마리를 잡아 더운 피, 단 피 차려 놓고, 남녀 짝을 지어 혼례를 치르던 축제의 이야기였다.

하늘에서 내려온 세경신 자청비를 맞이하는 새 철 드는 날의 입춘굿은 한 해의 맨 처음 하늘에 제사하는 풍농굿이었다. 1만 8000신들이 이 세상(이승)과 저 세상(저승)의 질서를 잡아 나가는 하늘굿이었다. 탐라국 건국 시대에는 두 개의 하늘굿이 있었고, 그 흔적이 탐라지耽羅志들에 남아 있어 고대의 하늘굿을 짐작게 하는데, 그것은 세경할망 자청비를 모시고 하는 입춘날의 입춘굿과 북두칠성 별자리에 제단을 마련하여 제를 지냈던 7월 백중의 칠성제다. 입춘굿은 땅에서 수행해야 할 새로운 임무를 부여받고 내려온 농경신 자청비를 모시고 탐라왕이 제사장(심방)이 되어 한 해의 첫 절기인 입춘날 집행하는 하늘굿이었다.

나라굿 광양당굿

고대의 광양당굿은 입춘굿 때, 왕이 제사장이 되어 치르던 나라굿[國祭]이었다.

입춘날이다. 호장은 관복을 입고 나무로 만든 목우가 끄는 쟁기를 잡고 가면 양쪽 좌우에 어린 기생이 부채를 흔들며 따른다. 이를 '소몰이[退牛]'라 한다. 심방들은 신명나게 북을 치며 앞에서 인도하는데, 먼저 객사客舍로부터 시작하여 차례로 관덕정 마당으로 들어와서 '밭을 가는 모양'을 흉내 내었다. 이 날은 본 관아로부터 음식을 차려 모두에게 대접하였다. 이것은 탐라왕이 '적전耤田'하는 풍속이 이어져 내려온 것이다.

광양당의 당제는 어떤 의미의 굿이었을까? 탐라 땅에는 모흥혈毛興穴과 광양당廣壤堂이 있었고, 지금 모흥혈은 삼성혈이라 이름이 바뀌었고, 광양당은 조선 철종 때 없어졌다. 모흥혈은 삼신인이 태어난 굴로, 심방이 굿을 할 때는 '모인굴'이라 한다. 모毛는 삼三과 을乙의 합성어로 '품品자형 동굴'을 뜻하며, 을乙은 을나乙那, 즉 '어린아이'를 뜻한다. 그러므로 '모인굴'은 신이 될 아이 셋이 태어난 동굴이란 뜻이다. 삼신인의 모흥혈은 고씨, 양씨, 부씨 삼성 시조의 발생지로 바뀌었기 때문에 삼성혈이라 한다.

'품자형 동굴'은 삼신인 삼성[三聖] 탐라국 건국 시조 신화의 삼분 체계의 수수께끼를 푸는 열쇠다. 그것은 '다른 세 개의 뜻을 지닌 완성된 하나'이며 여러 가지 제주 신화의 삼분 체계를 완성하였다. 혼인지나 모인굴의 품자형 동굴처럼 '다른 셋이 모여 완성된 하나를 이루는 신화'의 체계는 신당에 가면 볼 수 있다. 신이 상주하는 구멍인 상궤, 중궤, 하궤가 있으며, 신당의 단골 조직은 상단골, 중단골, 하단골로 조직돼 있다.

나라굿을 지내는 광양당은 삼신인을 당신으로 모신 당, 입춘날 농경의 신, 자청비가 오곡의 주곡과 칠곡의 부곡, 열두시만곡[12곡]의 씨앗을 가지고 탐라 땅에 내려와 머무는 탐라의 중심, 광양 1번지다. 신화에 의하면, 을축 삼월 열사흘날, 자시子時에 하늘에서 난 고高의 왕, 축시丑時에 하늘에서 난 양良의 왕, 인시寅時에 하늘에서 난 부夫의 왕 삼성三聖이 하강한 성지다. 삼성이 높음[高], 어짐[良], 뛰어남[夫]을 펼치기 위해 하강한 넓은 땅이란 의미를 지닌다.

큰굿의 초감제를 살펴보면, 탐라국 건국 초기의 광양당과 모인굴 이야기가 나온다. 하늘과 땅의 질서는 이렇게 잡혀나갔다. 맨 처음의 세상은 왁왁한 어둠이었다. 그것은 신이 없는 세상, 신이 떠나버린 세상으로, 우리들이 알고 있는 신구간이다. 천지혼합에서 하늘과 땅이 개벽하여 밤과 낮이 갈리고, 아침이 와서 동쪽에서부터 해가 떠오르는 천지창조의 과정이 그려진다. 새 철 들면, 하늘의 신들이 지상에 내려와 이 땅에 질서가 잡혀 가는 것처럼, 지상에는 열다섯 성인의 시대가 열렸음을 의미한다. 신들이 지상에 내려와 땅을 다스리게 되는 입춘날, 농경신 제석할망 자청비를 모시고 땅에서 나와 탐라 땅에 나라를 연 아이, '삼신인 삼을나'를 광양당에 왕으로 모시고 영평 8년(서기 65년)에 세상을 열었으니, 광양당은 그때부터 모인굴의 삼신인 삼을나 신을 모시고 나라굿를 여는 곳이 되었다. 입춘굿에서 광양당 나라굿의 완성은 그만큼 중요한 몫을 지니고 있다.

3° 두 남자에게 사랑의 기술을 가르치는 자청비

자청비는 사랑의 기술자인가? 그렇다. 그녀는 사랑에 미숙한 두 남자를 가르쳐 성인으로 만든다. 그녀는 노련한 교사다. 그런데 파트너가 되는 두 남자, 하늘사람 '숫붕이' 문도령도, '두르웨' 정이 없는 정수남이도 자청비의 행동과 몸짓이 가르침임을 깨닫지 못한다. 한참 지난 뒤 그들은 그것이 교육이며, 자청비의 사랑법이었음을 깨닫는다. 미숙하거나 둔하여 때를 놓치고 후회하는 남자들, 자청비와 겨루면 2등밖에 못하는 2등 콤플렉스를 자청비 콤플렉스라 한다. 자청비가 온갖 힌트를 다 주며 미끼를 던지고, 유혹의 바람을 일으켜도 연화못 물통의 물은 웃통에서 아랫통으로 흘러갈 뿐이다. 아무런 사건도 일어나지 않는다. 이렇게 사랑에 대한 무지는 적절한 시기를 놓치고 마는 서툰 모습으로 이어진다. 때를 맞추는 사랑법, 농경신 자청비의 사랑법, 그것은 절기를 맞추어 씨를 뿌리고 밭을 갈고, 몸이나 밭이나 익으면 거둬들이는 농사법처럼 사랑도 때를 맞추어 완급을 조절하며 노래하고 춤춰야 한다.

나는 자청비 신화를 통해 치료를 이야기할 것이다. 신화를 통한 심리 치료 혹은 신화에 대한 심리학적 접근이다. 젊은 시절 지그문트 프로이트의 『꿈의 해석』, 카를 융의 『집단 무의식』, 프랑스의 과학자 가스통 바슐라르의 『불꽃의 정신분석』 등을 읽으며 언젠가 '제주도 신화의 콤플렉스 연구'라는 주제로 제주 신화를 정리해 보겠다는 생각을 한 적이 있다. 그리고 지금 막연하게나마 제주 신화에서 사랑의 신 자청비 때문에 생겨나는 사랑의 아픔, 자청비 콤플렉스를 이야기하게 되었다. 신화는 사람들의 꿈과 상상력의 세계이며, 인간이 꿈을 통해 신의 세계를 들여다보는 심리적 정신 세계이므로 겁 없이 생각이 가는 대로 이야기를 펼쳐 보련다.

자청비는 사랑에 도가 튼 여자, 보기만 해도 옆에 있기만 해도 모든 남자들이 침을 흘리고, 심지어는 모든 여자들까지도 깜빡 죽는 남녀노소 하늘과 땅을 통틀어 제일 고운 여자, 미색과 지혜를 갖춘 미치게 아름다운 여자인가? 스스로 신에게 청하여 여자로 태어났다는 자청비, 사랑으로 충만한 그녀의 삶을 풀어보는 것은 이제 시작이다. 한마디로 그녀의 탁월한 사랑법은 때를 놓치지 않는 지혜로운 선택과 서둘지 않는 느림의 미학이다.

철들지 않은 숫붕이 문도령과 두르웨 정이 엇인 정수남이

철들지 않은 아이들이 철들 무렵, 아이들은 중성이다. 남자이면서 여성이 몸속에 있고, 여자이며 남자의 호르몬이 흘러 남자가 하는 짓거리를 흉내 낸다. 이는 성인이 되면, 카를 융의 심리학에서 다루는 아니무스animus(여성 속의 남성)와 아니마anima(남성 속의 여성)로 발전한다. 자청비 신화를 들여다보면, 자청비는 남장한 여자로 문도령과 수업하고, 서천꽃밭 꽃감관의 딸과도 결혼한다. 자청비는 사랑의 신이며 양성의 신이다. 그러므로 이 여성을 상대하는 두 남자는 자청비 콤플렉스에 빠질 수밖에 없다. 신화는 자청비 콤플렉스의 해결이 사랑의 완성이라 풀이한다.

하늘의 신 문도령은 미모와 지혜가 자청비와 맞설 만한 자청비의 배필(짝)이지만, 사춘기의 홍역을 앓으며, 자청비의 성적 유혹을 알아차리지 못하는 성적 미숙아 '숫붕이'다. 그러므로 자청비는 끊임없이 때를 만들어주며 기다린다. 사랑은 기다림이기 때문이다. 테우리신[牧畜神] 정수남이는 정말 정이 없는 남자, 자청비가 부정하는 정이 안 가는 남자, 야수 같은 동물형 남자 '두루웨'다. '정이 엇인 정수남이'는 결국 자청비에게 죽임을 당한다. 사전적 의미로 보면, '숫붕이(숫보기)'와 '두루웨(돈 사람)'에 딱 들어맞는 표현은 아니지만, 문도령은 숫붕이, 정수남인 두루웨로 하여 자청비 콤플렉스를 설명하기로 한다.

자청비 콤플렉스는 힘도 지혜도 자청비를 이길 수 없어 제주 남자들이 겪는 본성적 · 본능적 콤플렉스다. 이것은 문도령과 정수남이라는 두 남자로 상징화된 제주 남자의 생산적 지혜 콤플렉스이며, 본능적 성적 콤플렉스다. 멋진 여신 자청비와 겨루면 2등밖에 못하는 만년 2등 콤플렉스다. 땅의 여자[地]와 짝이 되는 하늘의 남자[天] 하늘옥황 '문국성의 문도령'은 감성과 지성에서 자청비를 능가할 수 없다. 미美와

감성, 지혜와 싸움, 수수께끼 시합, 아니면 장난스럽게 진행하는 "누가 정력이 더 센가?"를 겨루는 '오줌 갈기기'까지 자청비를 이길 수 없다. 문도령이 겪은 본성적 열등감, 남자의 성적 · 지적 · 감성적 무지에서 자청비를 통하여 새로운 남성으로 깨어나기까지의 수업은 완전한 남자, 생산生産과 산육産育의 신 자청비의 짝이 될 수 있는 성인 남자의 입사식과 같은 것이다. 문도령이 겪었던 성장기 남아의 이성에 대한 발육 미숙은 만년 2등 콤플렉스로 나타나는 식물성 이성 콤플렉스라 할 수 있다.

두 번째 콤플렉스는 동물성 이성 콤플렉스로, 정이 엇인 정수남이라는 남자로 상징화된다. 이는 성적 조급성, 조루증적 미숙으로 인하여 본능을 주체하지 못하는 맹목성과 야수성과 포악성으로 나타나는 동물적이고 본능적인 콤플렉스다. 이와 같이 성적 조루 콤플렉스는 강약을 조절하고 완급을 조절하는 자청비의 기교, '느림의 미학', '리듬의 성애'를 통해 조정된다. 남자의 발작을 잠재우고 죽이는 자청비의 '막고 뚫는 바람막이 작업' 앞에 패배하고 죽임을 당하는 성적 콤플렉스가 정수남이형 만년 2등 콤플렉스이며, 동물적 이성 콤플렉스다.

제주 농경 신화에 등장하는 두 남자의 만년 2등 콤플렉스, 여성 영웅신 자청비에게 이길 수 없어 늘 2등밖에 못하던 문도령의 무능과, 성적 본능을 주체하지 못하고 달려들지만 자청비에게 죽임을 당하는 목축신 정수남이의 동물적 야수성을 지칭하는 자청비 콤플렉스 연구는 제주도 신화 연구의 중요한 출발이 될 수 있을 것이다.

4° 자청비의 사랑과 낭만 그리고 이별

자청비 사랑 수업 하나: 빨래를 배우다

옛날 김진국 대감과 조진국 부인은 동개남 은중절에 가서 석 달 열흘 백일 불공을 드리고, 합궁일을 받아 천정배필을 맺어 여자아이를 낳았는데, 세상에서 가장 아름다운 공주였다. 이름은 부부가 자청하여 낳은 자식이라 '자청비'라 하였다. 소녀는 자라 열다섯 살 되었을 때, 하녀 느진덕 정하님을 데리고 주천강 연화못에 빨래를 하러 갔다.

"느진덕 정하님아, 너는 무사 손발이 경 고우냐?" "아이구. 상전님아, 그런 말은 하질 맙서. 종이어도 매일 의복입성 빨래하고, 상전님네 먹던 그릇 설거질 하다 보면, 손발이 경(그리) 고와집니다." 그 말 듣고, 자청비는 아버님 방에 달려가 아버님 입던 옷 내어놓고, 어머님 방에 달려가 어머님 입던 옷 내어놓아, 가는 댓구덕에 주어 담아 주천강 연화못에 빨래를 하러 소곡소곡 내려갔다. 물가에 앉아 빨래를 하는데, 하늘에서 '노각성자부연줄'(하늘에서 내려오는 길)을 타고, 하늘 옥황 문왕성 문도령이 인간 세상에 글 공부 하러 내려오고 있었다. 멀리, 연못가에서 옥 같은 아기씨가 앉아서 연서답(빨래)을 하는데, 얼굴을 보니 너무 고왔다. 문도령은 남자의 기분으로 그냥 넘어갈 수가 없었다. 말이라도 걸어보고, 물 한 바가지 얻어먹고 가려고 가까이 다가가서, "길 가는 선비가 됩니다. 물이라도 조금 얻어 먹엉 목이나 잔질루앙(축이고) 가게 하여 줍서. 요 곱닥헌(고운) 아기씨야." 하고 수작을 걸었다.

"아이구. 빨래하러 온 사람 그릇이 있어야 물을 떠줄 게 아닙니까?" 하니, "어서 걸랑(그건) 기영홉서(그리 하세요)." 하며, 문왕성 문도령님 뒤주박을 내여주니, 물 위도 삼세 번 헤쳐 간다, 물 밑도 삼세 번 두드려 간다, 물을 떠서 참버드낭 이파리 하나 뜯어 물 위에 띄워 주었더라. 이를 보고 문도령님 이르는 말이 "얼굴은 보니 양반인데 마음 쓰는 건 보난, 그렇진 않은 것 닮수다." 하니, "아이고 한 일은 알고 두 일은 모르는 도령이로구나." 하니. "어째서 나에게 후욕詬辱 누욕陋辱 해염수과(하십니까)? 물 위에 물 티라도 있으면, 건져줄 일인데, 참버드낭 이파리 트더놩(뜯어놓아) 주는 일은 뭔 일이멍, 물 위에 삼세 번 헤치는 건 뭔 일이며, 물창(밑) 삼세 번 두드리는 건 어떤 일입니까?" 하니, 자청비 하는 말은, "문왕성 문도령님아, 이건 물 위에 삼세 번 헤치는 건 물 티라도 있을까 봐 삼세 번을 헤쳤수다. 이거 물창 삼세 번을 두드리는 건 물창 아래, 이건 어느 강비리 버러지라도 있으면 물 아래 갈앉아 버리라 삼세 번을 두드렸습니다. 물을 떠놓고 참버느남

이파리 하나 뜯어놓아 드리는 건, 목마르고 먼 길 걸어난 때, 목을 태우다 물을 먹게 되면, 물에 체하게 되면 약이 없으니, 그거 찬찬히 불며 먹으라 하여 참버드남 이파리 하나 뜯어 놓아 물 위에 띄워 드렸습니다." 하였다. 그리하여 그들은 연화못 물을 펴다 먹고, 하늘 남자 문도령과 땅의 여자 자청비로 성통명을 하였다. 그리하여 문도령은 자청비가 낙점한 첫사랑의 연인이 되었던 것이다.

자청비 사랑 수업 둘: 글 공부는 사랑 공부

"어디로 가는 선비가 됩니까?" "나는 하늘옥황 문왕성 문도령이라 하오. 인간에 글 공부 하러 내려왔소."

"저는 인간 세상에 자청비라 합니다. 우리 집에 가면, 자청도령이라 부르는 남동생이 하나 있는데, 글 공부를 가려 해도 친구 벗이 없어 허송하는 가련한 아입니다. 원컨대 내 동생 데리고 함께 글 공부 가시면 어떻겠습니까?"

문도령이 어서 걸랑 그렇게 합시다 하니, 문도령을 집으로 데려와 물팡돌(노둣돌)에 세워두고 집안으로 들어가, "어머님아, 아바님아. 저 아랫녘 거무 선생께 글 공부하러 가겠습니다." 하니, "여자가 글 공부는 해서 뭣에 쓰려냐."고 후욕을 하였다. "어머님, 아바님아. 그런 말을 하지 맙서. 여궁녀女宮女라도 글 공부를 해두면 써먹을 때 되면 다 써먹습니다. 제게 어느 오라버니가 있으며 어느 형제간이 있습니까." 부모님께 글 공부 가는 허락을 간신히 받아내어 남장을 하고, 남동생인 체하며 문도령을 따라 글 공부를 갔다.

그날부터 하늘 남자 문도령과 남자로 변장한 여자 자청도령은 한 솥의 밥을 먹고 한 이불 속에서 잠을 자고, 서당에 같이 앉아 글 공부를 하였다. 문도령은 자청도령이 여자 자청비가 아닌가 의심했고, 자청비는 그때마다 꾀를 내어 대비했다. "너는 어째서 은대야에 물을 떠다 옆에 놓고 자느냐?" "글 공부 올 때, 아버님이 말씀하시기를, '은대야에 물을 떠다 옆에 놓고 잠을 자되, 은저 · 놋저가 떨어지지 않게 잠을 자야 글 공부가 잘 된다' 하더라." 매일 밤, 문도령은 늘 대야의 젓가락이 떨어질까 걱정하여 잠을 설쳤고, 자청비는 맘 놓고 잠을 자니, 문도령은 글 공부 하며 졸고, 자청비는 성적이 항상 장원이었다. 넘어도 되는 금은 넘지 못하고 사랑은 그리움만 키웠다. 신의 시험인가? 아니 그것은 열다섯 살을 넘은 철들 무렵의 미성년자에게 성애를 가르치는 성교육이었다.

자청비 사랑 수업 셋: 오줌 갈기기 시합

문도령은 무엇이든 한 가지는 이기고 싶었다. 그리고 자청도령이 남자인지 여자인지 확인하고 싶었다. 아니 자청도령을 여자로 생각하고 싶었다. 여자로 생각하니 온갖 여자 내음이 풍겨왔다. 꿈이라면, 차라리 꿈속에서 도령을 끌어안고 모든 것을 끝내고 싶었다. 남성 속의 여자, 서양 사람들이 말하는 아니마anima가 아닌가. 왜 자청도령은 너무 여자를 닮아 나를 미치게 하는가. 차라리 너는 내 앞에 여자가 되어라 하며, 문도령은 자청도령을 여자로 그리기 시작했다. 그래서 오줌 갈기기 내기를 생각해 냈다. 오줌을 갈기면, 자기 앞에 패배를 인정할 것만 같았다. 그랬기 때문에 내기를 걸었고, 남성의 힘을 자랑하며, 힘내어 오줌을 쏟았다.

오줌은 멀리 나갔고, 정말 자랑할 만했다. 그는 대단한 정력이라 여자처럼 생긴, 너무나 곱상한 여인 같은 자청도령 앞에서 '여섯 발 반'이나 나가는 남성을 자랑하고 싶었다. 그런데 아름다운 여자 같은 남자는 무서운 괴력을 가졌는지? 아, 자신이 갈긴 오줌발을 조롱하지 않는가. 도령으로 위장한 여자, 자청비는 한 수 위였는지 그녀의 성기 안에 대 막대기를 잘라 넣어 힘을 써 오줌을 갈기니 오줌은 길게 날아 '열두 발 반'이나 나갔다. 미치게 아름다운 용모의 여자 같은 남자, 문도령이 애인으로 삼고 싶은 자청도령에 대한 의심이 말끔히 씻어졌다. 이것은 비극인가, 희극인가? 문도령은 여자라는 의심을 버리면서 자기보다 더 큰 힘을 가진 여성다운 남자를 사랑하게 되었다. 이 또한 자청비 콤플렉스라 할 만한 것이었다.

자청비 사랑 수업 넷: 삼 년 만에 얻은 사랑의 첫 경험 그리고 이별

그러던 어느 날 하늘옥황의 붕새가 편지를 떨어뜨리고 갔다. 글 공부를 그만두고 집으로 돌아와 서수왕 딸아기한테 장가를 가라는 편지였다. 사랑을 잃을지도 모르는 위기가 닥쳐왔다. 성교육, 남녀 구분법을 놓고 애태우던 아이들은 어른이 되지 못하고 헤어지게 되었다. 남자를 옆에 두고 사랑의 사연 없던 삼 년의 쌓인 한, 자청비는 목욕하고 가자며 위쪽 물통으로 들어가면서 버드나무 잎을 뜯어 편지를 썼다.

"멍청한 문도령아. 연 삼 년 한 이불 속에 잠을 자도 남녀 구별도 못하는 사랑의 백치, 눈치 모른 문도령아. 이 천치, 바보야."라는 버들잎 편지를 띄우고 자청비는 집으로 먼저 떠나 버렸다. 자청비의 편지를 본 문도령은 황급히 옷을 꿰어 입고 자청비를 따라 갔다. 자청비는 문도령을 기다리고 있었다. 자청비는 열두 폭 대홍 대단 홑단치마로 갈아입고 문도령을 맞아 자기 방 병풍 안에 앉혀 놓고 저녁상을 차려 겸상을 받았다.

둘은 만단정화를 나누고 한 이불 한 요에 잣베개 같이 베고 연 삼 년 속여 오던 사랑을 풀었다. 문도령은 박씨 한 알과 얼레빗 반쪽을 꺾어 자청비에게 주고, 박씨를 심어 박을 따게 될 때, 다시 만날 것을 약속하고 하늘로 올라갔다. 자청비는 박씨를 심었다. 그런데 박이 익어도 문도령은 돌아오지 않았다.

5° "각시 말다 부엉, 서방 말다 부엉" 하고 우는 정수남이의 영혼

자청비는 청미래덩쿨 귀에 찔러 넣어 정수남이를 죽이다

겨울이 가고 봄은 왔건만 기다리는 문도령은 오지 않고, 남의 집 종놈들이 땔감을 싣고 가는 쇠머리에는 진달래가 꽂혀 있었다. 저 꽃이라도 얻어 시름을 달랠까 하여 밖으로 나오다 정이으신(정이 가지 않는) 정수남이를 만났다. 정수남이는 바지허리를 뒤집어 이를 잡고 있었다.

"정이으신 정수남아, 다른 집 종들은 땔감을 하러 갔다 진달래꽃도 꺾어 오는데, 너는 밥 먹고 할 일 없이 이 사냥만 하기냐? 더럽고 추접하다." "상전님아, 그리 말고 소 아홉, 말 아홉, 소 길마 · 말 길마 차려 주면 저도 내일은 나무하러 가오리다." 정이으신 정수남이는 점심을 차려 소 길마에 싣고 굴미굴산 올라가 소와 말을 매어 놓고 우선 한잠을 잤다. 몇 날 며칠을 잤는지 소 아홉, 말 아홉이 애가 말라 소곡소곡 죽어 가고 있었다.

죽은 삭정이를 쌓아 놓고 청미래덩쿨로 불을 붙여 주걱 같은 손톱으로 쇠가죽을 벗겨 고기를 구웠다. 익었는가 한 점, 설었는가 한 점, 먹다 보니 소 아홉, 말 아홉을 다 잡아 먹어 버렸다. 집에 돌아와 정수남이는 꾀를 내어 대답하였다. 굴미굴산 올라 보니 하늘옥황 문도령이 궁녀 시녀 데리고 놀음놀이하고 있기에 정신없이 구경하다 내려와 보니 소 아홉, 말 아홉 온 데 간 데 없고, 오리를 잡으려다 옷을 도둑맞았다는 것이었다.

“정말 문도령이 왔더냐? 언제 또 오겠다고 하더냐?” “모레 사오시巳午時에 또 오겠다고 합디다.” 자청비는 정수남이를 따라 점심을 차리고 굴미굴산에 올라갔다. 그러나 결국 산에는 문도령이 없었다.

“정수남아. 어디 물 있는 데 좀 가르쳐 주라. 하도 목이 말라 걸어갈 수가 없구나. 정이어신 정수남아. 어디 물이라도 있거들랑 가르쳐 다오. 목이 말라 죽어도 걸어갈 수 없구나.” 하니, 그제야 물을 찾아, “상전님아. 이 물을 먹으려면, 위 아래로 옷을 ᄆᆞᆫ들락ᄒᆞ게(홀랑) 벗어두고, 손발 적시지 말고 하늘 위로 궁둥이 내어놓고, 엎드려 물을 먹어야지, 손발을 적셔 물에 들어가 물을 먹게 되면, 더 목이 말라 살 수가 없습니다.” 하니, 얼마나 목이 마르고 얼마나 물이 먹고 싶었던지, 자청비는 옷을 모두 홀랑 벗어 버리고 엎드려 물을 먹는 순간에, 정이어신 정수남이는 자청비 옷 모두 가져다가 높은 나무 위로 던져버렸다. 자청비의 옷은 높은 나무 가지에서 바람 부는 대로 흔들흔들 하고 있었다.

“정수남아. 제발 내 옷 내려 달라.” “못 내려 드립니다. 상전님대로 내려 입으십시오." "아이구. 내가 저놈에게 속았구나." 자청비는 정수남이에게 속았음을 알고는 꾀로 달랠 수밖에 없다고 생각했다. 그리하여 두루외 정수남이가 야수처럼 할딱거리며 달려들려 할 때마다 부드러운 소리로 달래었다. 드디어 밤이 왔다. 정수남이에게 움막을 짓게 했다. 움막을 지으니, 담 구멍을 막게 했다. 밖에서 다섯 구멍을 막으면, 안에서 두 구멍을 빼며 시간을 벌었다. 먼동이 트기 시작했다. 그제야 두루외 정수남이는 자청비에게 속은 줄 알고 달려들었다.

"정수남아, 화만 내지 말고 내 무릎을 베고 누워라. 머리에 이나 잡아주마."

정수남이는 자청비의 은결 같은 무릎을 베고 누웠다. 잠을 못 잔 정수남이는 그만 잠에 빠지고 말았다. 자청비는 이때다 하고 청미래덩굴을 꺾어 두루외 정이어신 정수남이의 왼쪽 귀로 오른쪽 귀에 찔러댔다. 구름산에 얼음 녹듯 정수남이는 죽어 갔다.

말을 타고 집으로 돌아오는데 언덕 위에 세 신선이 바둑을 두고 있었다. "저리 가는 저 비바리 바람 밑으로 지나가거라. 부정이 많다." "어찌 처녀를 조롱하십니까?" "말고삐 앞을 보아라. 더벅머리 총각놈이 청미래덩굴을 귀에 찌르고 유혈이 낭자하여 서 있지 않느냐?" 자청비는 말을 달려 집으로 돌아왔다. 그리고 부모님께 종을 죽인 사연을 이야기했다. 그리고 정수남이가 하는 일 다 제가 하여 죗값을 갚겠다고 하였다.

부모님은 넓은 밭에 좁씨를 닷 말 닷 되 뿌려 놓고, 그 좁씨를 하나 남김없이 주워 오라고 하였다. 자청비는 좁씨를 다 줍지 못하고 한 알을 빠트렸다. 개미 한 마리가 그 좁씨 한 알을 물고 있었다. 너도 내

간장을 태우느냐 하며 좁씨를 빼앗으며 허리를 발로 밟았다. 그래서 개미허리가 홀쭉하게 가느다란 법이 생겨났다. 자청비는 좁씨를 부모님께 갖다 바쳐 두고, 남장을 하고 다시 집을 떠났다.

서천꽃밭 환생꽃 따다 정수남이를 살려오다

서천꽃밭 아랫녘 마을에는 아이들이 부엉이를 잡고 다투고 있었다. 돈 서푼을 주고 그 부엉이를 사고 서천꽃밭으로 말을 달렸다. 서천꽃밭에는 꽃을 지키는 꽃감관 황세곤간이 있었다. 꽃감관은 서천꽃밭에 밤이면 부엉이가 날아와 "각시 말다 부엉, 서방 말다 부엉." 하고 울어 서천꽃밭 꽃들에 멸망을 주고 있는데, 부엉이를 잡아주면, 사위를 삼겠다고 하였다. 자청비는 아무도 몰래 노둣돌 위에 옷을 홀랑 벗고 누워 정수남이의 혼령을 불렀다.

"정수남아, 혼령이 있거든 부엉이 몸으로 환생하여 원怨진 내 가슴에 앉아라." "각시 말다 부엉, 서방 말다 부엉." 하며, 부엉새 한 마리가 울면서 날아와 자청비 젖가슴 위에 앉았다. 자청비는 부엉이 두 다리를 꼭 잡고 화살 한 대를 찔러 윗밭으로 던졌다. 날이 세자 꽃감관 황세곤간이 왔다. 간밤에 부엉이 소리가 났는데 어떻게 됐느냐는 것이다. 자청비는 하도 고단해서 누운 채로 화살 한 대를 쏘았으니 찾아보라 하였다. 찾아보니 부엉새는 살에 맞아 떨어져 있었다.

꽃감관 황세곤간은 크게 기뻐하며 자청비를 막내사위로 삼았다. 자청비는 황세곤간의 막내딸과 새 살림을 시작하였다. 그런데 꽃감관 막내딸아긴 여자이고, 자청비도 여자니 한 이불 속에서 잠을 자도 손도 한번 잡지 않은 채 하루 이틀 사흘 일주일이 되었다.

꽃감관의 막내딸은 아버지께 찾아가 이르기를, "아버님아. 우린 너무 도도한 사위[婿] 한 것 같습니다." "어째서냐? 일주일을 한 이불 속에 잠을 자도 손도 한 번 잡지 않고 봄사랑[春情]도 한 번 못해 봤수다. 문제가 있는 건 아닐까요?" 하니, 꽃감관은 자청비를 찾아가 따졌다. 우리 딸 뭐가 부족해서 손도 한 번 아니 잡느냐고.

"아이구 아버님아, 그런 게 아닙니다." 자청비는 모레 서울로 과거를 보러 가야 하기 때문에 몸 정성으로 그런 것이니 염려하지 마시라고 안심시키고, 과거를 떠나기에 앞서 자청비는 부인을 데리고 서천꽃밭을 구경하였다. 살 오르는 꽃, 피가 살아 오르는 꽃, 죽은 사람 살아나는 도환생꽃을 구경하며 자청비는 꽃을 따서 주머니에 놓았다.

자청비는 서천꽃밭을 하직하고 정수남이 죽은 곳을 찾아갔다. 꽃을 뿌려 정수남이를 살려 함께 부모님께 돌아왔다. 그러나 부모님은 계집년이 사람을 죽였다 살렸다 하니, 집에 두었다 무슨 일이 닥칠지 모르니 어서 집을 떠나라 하였다.

이렇게 자청비는 정수남이를 두 번 죽이고 한 번 살렸다. 자청비는 성욕으로 공격해 오는 남성, 정수남이를 죽였다. 그리고 자신의 몸을 탐하다 죽어 원령이 된 "각시 말다 부엉, 서방 말다 부엉." 하며 부엉새가 되어 서천꽃밭을 멸망시키는 부엉새, 정수남이의 영혼을 한 번 더 죽인 뒤에야 정수남이를 도환생시켜 부모님께 보내드렸던 것이다.

6° 자청비의 성인 교육과 부정한 신 정수남이

농경신 자청비 신화에서 지나치게 옷을 잘 벗는 남자, 정이 엇인 정수남이와 그의 행동은 성인으로 성장한 아이들의 잘못된 본능, 사랑이 없는 성욕을 경계한다. 자청비 신화는 지극히 자연스럽게 남자의 잘못된 성애를 그리면서 결국엔 죽음의 위기에서 남자를 죽인다. 정수남이의 죽음은 결국 끝없이 벗기는 데만 익숙한 행동에 사랑이 없다면 그것은 죽음과 같다는 걸 가르치는 철학이다.

정수남이는 송당 신화에 등장하는 소천국처럼, 동물적인 남자, 마바람 부는 쪽에 앉은 바람의 신, 고기를 먹은 부정한 신, 소 아홉 말 아홉을 결국 잡아먹고 집에서 쫓겨나는 사냥 · 목축의 신이다. 정수남이는 정말 '정이 없는' 남자다. 정이 없으면, 사랑도 없다. 사랑 없는 섹스는 무의미하다는 걸 죽음으로 가르치는 신화, 자청비 신화에서 정수남이 이야기는 잘못된 성희를 경계한다.

산은 야성의 숲이며 동물적 본성을 드러내는 곳이다. 정수남이는 자청비를 유혹하여 산으로 간다. 사랑을 갈구하는 사람은 물을 찾는다. 정수남이는 끊임없이 자청비가 물을 못 마시게 애타게 한다. 사랑을 갈구하게 한다. 물에 비친 제 몸을 미치게 들여다보게 한다. 사랑은 없고 갈등만 존재한다. 그리고 옷을 벗는다. 위아래 가리던 옷을 다 던져버리고 칡댕댕이 걷어다가 생식기를 걸어 매고 자청비에게 "상전님아. 이걸 잡고 서 계세요. 내가 물을 먹고 나면 물귀신이 날 잡고 당길 겁니다." 자청비는 칡덩굴 잡고 서고 정수남이는 우물 물통에 엎드려 물을 먹는데 쇠굴레에 물을 길듯 괄락괄락 다섯 허벅이나 후려 먹는다. 소를 닮은 수성의 남자, 그는 성욕을 진정할 수 없는 남자다.

물을 다 먹은 정수남이는 우물에서 나와서 "상전님, 상전님도 그 옷 벗어두고 왕 먹읍서." 보고 즐기는 일방적 욕망은 사랑이 아니다. 자청비는 애가 칸칸 마르니 옷을 벗을 수밖에 없다. 자청비는 차마 옷을 전부 벗을 수가 없어 소중기 하나 입고 엎으려 물을 먹으려는데, "상전님, 소중기도 벗어 붑서." 염치가 없다. "이거 나 성기 걸어매던 걸로 상전님 음모 걸어매어 내가 잡고 섰을 테니 물 먹읍서." 일방적으로 유혹하는 무정한, 은밀하지 않은, 벗기 좋아하는 정수남이의 행위는 사랑이 아니다.

자청비는 할 수 없어 칡댕댕이 덩굴로 음모를 걸어매어 정수남이 손에 잡혀두고 물통으로 들어갔다. 정수남이는 자청비의 음모를 걸어맨 줄을 가시나무에 빙빙 감아두고, 상전님 옷을 산딸기나무 위에 걸쳐 올려두고 달아나며 사금파리를 주워다가 자청비가 물 마시는 우물통에 퐁당퐁당 던져서 띄우면서, "이건 하늘옥황 문국성 문도령이 1만 2천 궁녀 선녀 내려와 놀음놀이 하는 거 실컷 봅서. 이건 준주산의 준주 구경이요. 실컷 구경합서. 이건 아외산 아외 구경입니다. 실컷 구경헙서. 이건 던데산의 던데 구경이요. 실컷 구경헙서. 이건 좀매산에 좀매 구경이요. 실컷 구경헙서." 하니. 자청비가 가만히 보니 이놈에게 속았구나 하여. 나와 보니 옷은 그만 산딸기 나무숲에 올려버렸으니 내릴 수 없게 되었다.

자청비의 옷을 높은 나무에 걸쳐놓고 물에 비친 여인의 몸을 감상하며, 하늘나라 궁녀들과 놀고 있는 문도령을 연상시키고, 어린아이 도리도리 던데던데 하며 놀리며 자청비를 희롱하는 장면은 병적인 성희롱이다. "정수남아. 내 옷 가져다주렴." "이제도 날 죽이젠 햄수가?" "왜 널 죽이겠냐? 내 옷 가져다주기만 해. 네 말 잘 들을게." 정수남이가 옷을 가져다주니 자청비는 옷을 입는데 왼쪽으로 입어 오른쪽으로 매고, 오른쪽으로 입어 왼쪽으로 매어 옷을 다 입으니 정수남이는 자청비에게 수작을 걸어온다.

자청비는 사랑 없이 나를 탐하는 일방적인 성욕보다 그런 태도라면 차라리 내 장난감을 갖고 놀라고 정말 분노하지 않으며 충고하는데 정수남이는 그 배려를 모른다. 치한들의 흔한 수법이다. 손 달라, 젖 달라, 입 달라, 잠자자 하는.

"상전님아, 우리 손목이나 잡아 볼까."

"사랑 없이 내 손목 잡느니, 내 자는 방에 가서 보렴. 금부채(손때 묻은 노리개) 있으니, 금부채를 잡아보렴. 내 손 잡는 것보다 더욱 좋다."

"상전님아, 젖이나 조금만 만졌으면."

"내 젖 만지느니 내 자는 방에 가서 보렴. 은단병이 있으니 은단병을 만져보렴. 내 젖 만지는 것보다 더 좋단다."

"상전님. 입이나 한번 맞춥시다."

"내 입 맞추느니 내 자는 방에 가서 보면 청단지가 있으니 꿀단지에 혀를 찔러봐라. 내 입 맞추는 것보다 더욱 좋다."

"상전님아, 우리 같이 누워 잡시다."

"나와 눕느니 내 자는 방에 가서 봐라. 안 자리엔 능화자리, 바깥 자리엔 꽃무늬 멍석, 번지르르 깔아놓고 머리맡엔 한서병풍 발밑에는 족자병풍 휘휘친친 자장자장 잣베개에 금산비단 한 이불에 포근히 덮고 누우면 나와 눕는 것보다 더 좋다."

그럭저럭 말다툼하다 보니 해는 일낙서산에 지고 있었다. 자청비는 위기가 오고 있음을 알았다. 정수남이는 구제할 수 없는 치한이었다. "정수남아 움막이나 지으렴. 우리 이 밤이나 새고 가게." 정수남이는 동쪽 나무 서쪽으로 휘어잡고, 서쪽 나무는 남으로 휘어잡고, 남쪽 나무는 북으로 휘어잡고, 북쪽 나무는 동으로 휘어잡아 집을 짓되 거리를 두고 움막을 짓는구나.

자청비가 말을 하기를, "정수남아. 움막을 멀리 짓지 말고 가깝게 여기 같이 지어라." "종과 주인은 움막을 지으면, 두 부부가 되는 법입니다." 하며 떠보는 것이다. "나랑 부부가 되겠우?" 정수남이는 자청비 누울 움막은 대강대강 짓고 별이 송송이 보이게 덮고, 자기 누울 움막은 탄탄히 지어놓고 밤을 새는데 자축子丑 간이 다가오니 뻐꾹새는 뻐꾹뻐꾹, 죽죽새는 죽죽죽죽 우니 자청비는 마음만 탔다. 무서움이 와락 밀려들었다.

"정수남아. 이리 오렴. 너영 나영 목을 끌어안고 누웠다가 이 밤이 새면 내일 가게." 정수남이는 고지식하게 꺼떡꺼떡 다가왔다. 자청비는 움막 속에 앉아서, "정수남아. 이 담 구멍 잘 막아라. 하느님도 볼 수 없게. 하느님인들 종과 주인이 함께 누운 걸 알게 되면 죄가 깊어지느니."

그리하여 정수남이는 움막 밖에서 부지런히 구멍을 막았다. 자청비 움막 안에서 한 구멍 막으면, 두 구멍을 빼면서 "이것도 막아라. 저것도 막아라." 부지런히 막다 보니 천황 닭은 목을 들고 울고, 지황 닭은 구비 꺾어 울고, 인황 닭은 날개 치며 우니, 먼동이 터 날이 훤하게 밝았다.

정수남이는 화가 나 얼굴이 검었다 희었다 하였다. 자청비는 안에서 정수남이의 거동을 보니 잘못 했다가는 이놈에게 죽임을 당할 것 같았다. 이놈을 달래야 하겠구나. "정수남아. 내 무릎 위에 누우려무나. 내가 네 머리의 이를 잡아주마." 정수남이는 은 같은 무릎에 숲풀산 맷방석 같은 머리를 살며시 엎드렸다. 왼쪽 귀밑을 걷어보니 백모래밭에 흑모래를 던져놓은 듯하고, 오른쪽 귀밑 걷어보니 흑모래밭에 백모래 던져놓은 듯했다. 굵은 이는 임금님을 먹이고, 중간의 이는 마을 면장을 먹이고, 셋째 이는 경민장을 먹이고, 잔 가랑니는 오독또기 죽여가니, 정수남이는 무정눈에 잠이 들었다.

때는 이때다 하며, 자청비는 청미래덩쿨을 왼쪽 귀에 찔러 오른쪽 귀로 뽑아내어 정수남이를 죽여 버렸다. 그리고 하늘과 땅, 문도령과의 아름다운 사랑을 위해 할 일은 했다고 믿었다.

7° 자청비, 하늘나라 칼선다리 통과하다

여자의 길

자청비는 '스스로 여자 되기를 신에게 청하여' 태어났다. 자청비가 자라나서 제법 어른 티가 나는 열다섯 살의 아름다운 소녀로 성장했을 때, 봄바람이 어디선가 불어와 그녀를 밖으로 유인하는 듯했다. 봄바람에 실려온 소문은 밖에 제 짝이 찾아왔으니 빨리 나오라 하였다.

자청비는 하녀를 졸라 연화못에 빨래하러 갔다. 거기에는 마음을 설레게 하는 남자, 하늘에서 온 남자 문도령이 있었다. 그 남자가 자신이 짝이 될 사람임을 첫눈에 알아본 자청비는 남장을 하고 그를 따라 나선다. 자청비는 그를 얻기 위해 남장 여자로 동문수학하면서 문도령을 여자의 성을 아는 남자로 만들어주고, 드디어는 문도령과 첫날밤의 진한 운우지정雲雨之情을 나눈다. 아이가 어른이 된 것이다. 진

짜 여자가 된 것이다. 그리고 그들은 '상동낭 용얼레기(얼레빗)' 반으로 쪼개어 사랑의 징표로 나누어 가졌고, 문도령은 하늘로 떠나버린다. 그리고 돌아온다는 문도령은 돌아오지 않는다.

자청비는 정수남이란 남자를 죽여 죄를 얻었고, 본의 아니게 남장 여자가 되어 서천꽃밭 꽃감관의 막내딸을 시련에 빠지게 하였다. 강요하는 인생도 끌려가는 인생도 자기 인생이 아니었다. 결국 자청비는 죄를 짓고 쫓겨나 다시 부모님과 이별하게 된 것이다. 아이가 성인이 되어 집을 떠나는 것이다. 자기 앞의 생을 책임지는 것은 하늘로 가는 길을 찾아내어 문도령을 찾아가 사랑하는 사람과 결혼을 하는 길이 진짜 여자의 길이었다. 자청비는 정처 없이 걸었다.

직녀가 된 자청비

자청비는 놀랄 만큼 베를 잘 짜는 여자였다. 자청비가 주모할머니를 만나 수양딸이 되어 베 짜는 직녀織女가 되기 전에는 그녀의 재능을 아무도 몰랐다. 하늘의 사랑하는 문도령을 만나려는 일념으로 여기까지 왔고, 이곳 주모 땅에서 베를 짜는 주모할머니의 수양딸이 되어 함께 베를 짜며 살게 된 것이다.

이곳은 하늘에 닿는 땅의 끝, 하늘과 땅 사이 하늘길이 드리워진 연못이었다. 부근에는 하늘의 궁녀들이 하늘에서 내려와 목욕하는 연못도 있었고, 문도령과 자청비의 사랑을 맺어준 연화못도 있었다. 그리고 하늘에 납품할 비단을 짜는 주모할머니와 자청비가 살고 있는 주모 땅의 하늘연못도 있었다. 여기는 하늘로 가는 무역품들을 실어 보내는 노각성자부연줄이 하늘까지 놓여 있는 곳이었다.

자청비는 이곳에서 문도령을 만날 것 같은 예감이 들었다. 어디선가 베틀 소리가 들려왔다. 그것은 주모할머니가 비단을 짜는 베틀 소리였다. 예쁜 자청비를 본 할머니는 그녀를 수양딸로 삼았다. 그녀는 베틀에 올라 비단을 짜며 평온한 나날을 보냈다. 그러던 어느 날 할머니가 짜는 비단이 하늘옥황 문왕성 문도령이 서수왕 따님에게 장가드는 데에 폐백으로 쓸 비단이라는 것을 알게 되었다. 자청비는 눈물로 비단을 짜 나갔다.

자청비는 "가령하다 가령비, 자청하다 자청비"라 짜 넣어 비단을 마쳤다. 비단은 하늘옥황에 바쳐졌고, 문도령은 자청비가 짠 비단인 것을 알고 자청비를 만나려고 내려왔다. 그러나 자청비는 반갑고 기쁜 김에 장난을 걸고 싶어 창구멍으로 문도령의 손가락을 바늘로 콕 찔렀다. 문도령은 화를 내며 그만 하늘로 올라가 버렸다. 주모할머니는 자청비가 말괄량이인 것이 비위에 거슬려 자청비를 내쫓았다.

자청비는 사월 초파일날 머리 삭발하고, 승복을 입고 목탁을 치면서 쌀을 얻으러 떠돌아다니게 되었다. 베 짜는 주모 땅 하늘길이 있는 곳에서 자청비는 궁녀들을 만났다. 하늘옥황의 궁녀들이 처량하게 울고 있었다. 까닭을 물으니, 문도령이 자청비와 목욕했던 연못의 물을 떠오면 물맛이나 보겠다 하여 물을 뜨러 내려왔는데, 그 물이 어디에 있는지 몰라 운다는 것이다. 자청비는 자기와 목욕했던 연화못의 물을 떠주고 그 대신 궁녀들과 같이 노각성자부연줄을 타고 하늘로 올라가게 되었다. 하늘에 있는 문도령 집에 이르렀을 때는 둥그런 보름

달이 언덕 위에 두둥실 떠오르고 있었다.

"저 달이 아멩(아무리) 곱댄(곱다) 해도 하늘옥황 문왕성의 문도령 낭군님 얼굴보다 더 고우카(고울까)."

자청비는 팽나무 위에서 노래를 불렀다. 문도령은 노랫소리가 자청비의 목소리인 것을 알아보고, 자청비를 맞이하여 얼레빗 한 조각을 맞춰 보았다. 분명 자청비였다. 문도령은 자청비를 제 방으로 데리고 들어가 만단정화를 나누었고, 오랜만에 뜨거운 사랑을 나누었다. 부모님이 알까 낮에는 병풍 뒤에 숨어 며칠을 지냈다. 자청비는 부모님의 허락을 맡도록 문도령을 졸라댔다. 물론 그 방법도 문도령에게 소상히 일러주었다.

"도련님, 부모님은 서수왕 따님과 나 자청비를 놓고 수수께끼 시합과 칼쓴드리 건너기로 며느릿감을 선택할 것입니다. 먹는 것, 입는 것, 신붓감까지도 새 것을 찾고 명품을 탐하는 쪽은 실속이 엇주마씸(없지요). 새 것은 멋진 것 같지만 추울 것 같아요. 실속 있는 선택은 몸에 맞는 땀이 벤 옷, 맛있게 익은 묵은 장처럼 깊은 맛과 함께 따뜻한 것이 좋아요. 그게 오래된 정이고 사랑이지요. 따뜻한 정이 제일입주(이지요). 새 것만 좋아하는 새것 콤플렉스에서 벗어나십서." 자청비의 충고를 듣고 문도령은 부모님 앞에 갔다.

칼선다리 넘어가는 며느리 시험

며느리를 뽑는 시험은 정해져 있었다. 첫 번째 관문은 새 것과 묵은 것 중 무엇을 택하겠는가를 묻는 수수께끼 시합이었다. 문도령의 머리에는 새 옷은 춥다, 묵은 옷은 따뜻하다, 아니 두 여자 가운데 서수왕 딸은 춥다, 자청비는 따뜻하다고 마음에 그리며 부모님께 물었다.

"새 옷이 따스합니까? 묵은 옷이 따스합니까?"

"새 옷은 보기는 좋지만 따숩기는 묵은 옷만 못하다."

다음은 간장을 연상하면서, 새 간장 맛이 안 들었지만, 묵은 간장은 달다 하다가 서수왕 딸은 맛없다, 자청비는 맛있다고 생각하며 수수께끼를 이었다.

"새 간장이 답니까? 묵은 간장이 답니까?"

"달기는 묵은 간장이 달다."

문도령의 마음은 점점 자청비를 향해 가고 있었다. 새 사람 서수왕 딸은 낯설었고, 정든 자청비가 그냥 좋았다. 너는 정말 좋다고 마음에 다짐하며 수수께끼를 계속 이어나갔다.

"새 사람이 좋습니까? 묵은 사람이 좋습니까?"

"새 사람은 오래 길들인 묵은 사람만 못하다."

"그렇습니다. 그러면 부모님, 저는 서수왕 따님에게 장가 들지 않겠습니다."

부모님은 수수께끼의 뜻을 알아차리고 화를 내며 무서운 과제를 내걸었다. 칼쑨ᄃᆞ리를 건너가라는 문제였다.

칼쑨ᄃᆞ리(칼선다리)는 심방이 굿을 할 때 신칼 날이 하늘로 향한 점괘로, 이런 점괘가 나오면 위기가 닥쳤거나 죽음이 코앞에 이르렀다 한다. 자청비가 장차 시부모님이 되실 분들 앞에는 실제로 쉰 자 구덩이를 파놓고, 숯 쉰 섬에 불을 피워 작도를 걸어놓고 작도를 타 나가고 타 들어와야 며느릿감으로 인정하겠다는 것이다. 자청비는 문도령의 부인이 되기 위한 하늘나라 며느리 시험의 마지막 관문을 넘어서고 있었다. 자청비는 눈물로 세수하며 백릉버선을 벗고, 박씨 같은 발로 작도 위에 올라 아슬아슬하게 칼날 위로 걸어 나갔다. 작도 끝에 다다라 한 발을 땅에 내리려는 순간 발뒤꿈치가 슬쩍 끊어졌다. 피가 불끗 났다. 자청비는 속치맛자락으로 얼른 싹 쓸었다. 그 법으로 여자 아이 열다섯 살이 넘어가면 다달이 몸엣것 오는 법을 마련했다. 땅에 내려서자마자 문도령의 부모님이 달려들어 며느릿감이 분명하다며 얼싸안았다. 드디어 진짜 여자로 하늘나라 문왕성의 며느리가 되는 시험의 마지막 관문인 '칼쓴드리'를 통과한 것이다.

8° 자청비 하늘의 큰 난리 막고, 오곡의 씨를 가져오다

농경 신화 「세경 본풀이」의 마지막 이야기다. 여기서 특별히 하고 싶은 얘기는 하늘에도 세상이 있었다는 것이다. 그런데 하늘 세상에서 자청비가 겪은 하늘의 큰 난리는 땅에서 흔히 겪는 인간사의 대소사와 크게 다르지 않았다. 어쩌면 하늘 세상은 문화가 다른 이웃 나라거나 북방의 천신족天神族 또는 한류韓流, 요하문명 또는 고구려 이야기는 아니었는지 모르겠다. 신화에서 고대 우리 민족의 역사를 발견할 수 있다면 제주와 한류의 고문명의 관계를 하늘과 땅의 이야기로 풀어갈 수는 없을까?

신화의 마지막 이야기는 땅의 여자 자청비에게 첫 남자를 빼앗겨 백일 동안 울다 죽어 새가 되어버린 하늘의 여자 서수왕 따님 이야기다. 남장 여자 자청비 때문에 평생을 홀로 살아가야 하는 박복한 여자, 서천꽃밭 꽃감관의 막내딸, 이 꽃 저 꽃 다 내주고 외롭게 사는 여자를 잊지 말아야 한다. 그렇다면, 문도령과 서천꽃밭 꽃감관의 막내딸의 신접살림은 아름다운 꽃을 피우는 것과 어떤 관련이 있는 것일까? 문도령을 독살하는 이야기, 그리고 자청비를 푸대쌈하려는 음모, 이런 것이 자청비가 서천꽃밭의 멸망꽃을 따다가 하늘의 난리를 막았다는 이야기의 내용이다. 그 때문에 자청비는 하늘옥황 천지왕이 주는 큰 상을 받았다.

자청비의 사랑 때문에 불행해진 두 여인이 있었다. 자청비는 하늘이라는 대국의 난리를 막아준 여성 영웅신이었지만 반대로 남장 여자로 여인을 유혹하여 불행하게 한 양성의 악신이었음도 잊지 말아야 한다. 선악 양면성이 진정 인간적인 모습인지를 살펴보아야 할 것이다. 그러면 몇 개의 삽화들이 지닌 의미를 살펴보자.

첫 번째 에피소드는 실연당한 서수왕 따님이 새의 몸으로 환생하였다는 이야기다. 서수왕 따님과의 약혼은 두말없이 무너졌다. 서수왕 따님은 화가 치밀어 방문을 걸어 잠그고 드러누웠다. 석 달 열흘 백일이 지나 문을 떼고 보니, 서수왕 따님아기는 새의 몸으로 바뀌어 있었다. 심술을 부리는 새가 된 것이다. 그때의 일로 해서 이 새가 들어서, 다정했던 부부 간에도 살림을 나누는 것이며, 결혼 잔치를 할 때 신부가 상을 받으면 먼저 상 위의 음식을 조금씩 떠서 상 밑에 놓는 법이 생겨난 것이다.

두 번째 에피소드는 자청비를 얻은 하늘의 문도령이 서천꽃밭 막내딸과 살림을 차리더란 얘기다. 자청비와 문도령은 백년가례를 올렸다. 문도령과 깨가 쏟아지는 하늘에서의 어느 날 자청비는 서천꽃밭의 막내딸 생각을 생각해 내었다. 자청비는 문도령에게 사실 이야기를 하고, 나 대신 서천꽃밭에 가서 보름을 살고 나한테 와서 보름을 살아달라고 당부했다. 문도령은 서천꽃밭을 찾아갔다. 서천꽃밭 막내딸과의 살림은 너무나 달콤했다.

보름만 살고 오겠다던 문도령은 한 달이 다 되어도 돌아오지 않았다. 자청비는 편지 한 장을 까마귀 날개에 끼워 보냈다. 문도령은 급한 김에 관을 쓰는 게 행전을 둘러쓰고 두루마기는 한 어깨에만 걸친 채 돌아왔다. 자청비는 바쁜 김에 풀어헤친 머리를 짚으로 얼른 묶어 마중을 내달았다. 그때 낸 법으로, 인간의 일생에서 부모가 죽었을 때가 가장 바쁜 때이니, 초상이 나서 성복하기 전에는 통두건을 쓰고, 두루마기는 한쪽 어깨에만 걸치는 법을 마련하고, 여자 상제는 머리를 풀어 짚으로 묶어 매는 법을 마련했다.

세 번째 에피소드는 자청비가 서천꽃밭 환생꽃을 따 죽은 문도령을 살려낸 이야기다. 하늘옥황에 자청비와 문도령의 사이를 시기하는 패가 생겼다. 이 패들은 궁 안에서 문도령을 죽이고 자청비를 푸대쌈하기로 모의하였다. 자청비가 이를 모를 리 없었다. 출타하는 문도령 가슴에 솜뭉치를 듬뿍 넣어주며, 궁녀들이 술을 권하면 모두 이 솜뭉치에 붓도록 하였다. 궁녀들은 술을 권했고 문도령은 마시는 척하며 솜뭉치에 부었기 때문에 문도령은 말짱했다.

이번에는 외눈박이 할머니를 보냈다. 배고파 달달 떨며 술 한 잔 사달라는 게 가련하여 말 위에서 술값 한 푼 던져주고 술 한 잔 받아 마셨다. 술에는 독약이 들어 있었다. 문도령은 말 위에서 떨어져 죽어갔다. 자청비는 남편의 시체를 업어다 방에 눕혔다. 이튿날 궁 안에서 자청비를 푸대쌈하려고 몰려들었다. “나를 푸대쌈하려면 낭군 먹던 음식을 먹는다면 자청하여 가지요." 함지박에 무쇠 수제비를 한 그릇 떠다 놓았다. 아무도 먹을 수 없었다.

"그러면 우리 낭군 깔고 앉던 방석이나 깔고 앉아 보시오." 무쇠 방석이었다. 선반 위에서 끄집어낼 수도 없었다. 매미가 일제히 울게 하니, 문도령의 콧소리 같았다. 군중들은 문도령이 살아 있다고 모두 달아났다. 자청비는 서천꽃밭에 가 환생꽃을 따다가 문도령을 살려 내었다.

네 번째 에피소드에서는 하늘옥황에 큰 난리가 일어났다. 난을 평정하는 자에게 땅과 물 한 조각 갈라주겠다는 방이 붙었다. 자청비는 하늘옥황 천지왕에게 난을 막겠다 약속하고 서천꽃밭에 가 멸망꽃을 따다 싸움판에 뿌렸다. 삼만 군사가 건삼밭에 늙은 삼 쓰러지듯 즐비하게 나자빠져 난은 수습되었다. 하늘옥황 천지왕은 자청비가 하늘의 난리를 평정한 상으로 하늘의 땅을 갈라주겠다고 하였다. 그러나 자청비는 그 제의를 사양했다. 하늘의 땅을 얻는 것은 하늘에서 살아야 한다는 것이므로 자청비는 하늘 세상의 일을 청산하고 오곡의 씨앗을 얻어 지상에 내려온 것이다.

다섯 번째 에피소드는 땅의 농사 이야기다. 자청비는 하늘옥황 천지왕이 내려준 오곡의 씨앗을 가지고 7월 보름날 인간 세상에 내려왔다. 그래서 7월 보름날에는 백중제를 지내게 된 것이다. 세상에 내려와 보니, 정수남이가 배가 고파 휘청거리며 걸어가고 있었다. 자청비를 만나자 밥을 달라고 사정하였다. 소 아홉을 거느리고 밭 가는 장남들에게 가서 얻어먹으라 하였다. 정수남이가 가서 밥을 달라 사정을 해도 부잣집 장남들은 밥을 아니 주었다. 자청비는 고약하다 하여 그곳에 흉년이 들게 하였다. 자청비는 배고픈 사람을 돕지 않는 부자를 벌하기 위해 흉년을 내린 것이다.

정수남이가 길을 가다 보니 두 늙은이가 쟁기도 없이 호미로 밭을 갈고 있었다. 정수남이가 밥을 달라고 하니 두 늙은이가 도시락에 밥을 정성껏 대접하였다. 배고픈 사람에게 밥을 대접하는 늙은 사람에게 지청비는 호미 농사를 지어도 대풍년이 되게 해주었다. 그리하여 상세경 문도령은 하늘의 천기와 우순풍조雨順風調를 조절하게 히고, 중세경 자청비는 하늘과 땅을 오가며 물과 농경세시를 조절하게 하였고, 정수남이는 하세경으로 세경테우리[牧畜神]가 되어 많은 목자를 거느리고 7월 마불림제를 받아먹게 하였다.

9° 메밀 고장 곱게 피면 금년 농사 걱정 엇주

자, 들어봅서. 하늘의 큰 난리, 세변난리를 자청비 할망이 다 막으난, 하늘옥황에서는 우리 자청비 할망에게 큰 상을 내렸수다. 무슨 상인가 하면, 처음에 하늘옥황 천지왕은 하늘의 기름진 땅, 구름 같은 꿈의 땅, 하늘의 강남 땅을 갈라주겠다 해십주(했지요). 그런데 할망은(고개를 설레설레 흔들며) 마우다(싫어요). 난 마우다. 하늘의 땅은 마우다. 부디 상을 내리시겠다면, 하늘님아, 하늘의 땅이 아니라 제주 땅에 내려가서 심을 오곡의 씨를 내려주십서. 하늘 세상은 싫으니까요. 그러니 하늘옥황 천지왕은 우리 세경할망에게 열두시만곡(모든 곡식), 주곡 5곡과 부곡 7곡, 12종의 곡식 씨앗을 내리셨지요.

자, 그래서, 할망은 제주 땅에 내려오게 된 겁주. 자, 그러면, 자부일월 상세경 신중또 마누라님(세경할망 자청비)이 하늘에서 내려오는 질(길), 세경할망 자청비 할망 오시는 길도 닦으러 가자. (다리를 길게 늘여뜨려 놓는다.)

(연물소리)

하늘옥황에서 칠월 열나흘 백중일이 되니, 자청비가 열두시만곡(모든 곡식)의 씨를 가지고 내려오는 길을 치워 드리자. (자청비 등장한다.)

심방: 어서 옵서. 다리 잘 밟으며 오십서. 노각성자부연줄, 거기 밟으며 오십서.

(자청비는 씨 주머니를 어깨에 메고, 손에는 한 아름의 꽃을 들고 있다.)

심방: 아이구, 오셨습니까?

자청비: 나, 왔수다.

심방: 메께라(기막혀). 이리 오십서. 마당 가운데로. 오시려니 지쳤지요?

자청비: 난 여신인데 지칠 리가 있어요?

심방: 편히 앉읍서. (심방과 자청비, 마주앉아서) 얼굴이 정말 곱네요?

관객들: 미스 탐라, 아니 미스 월드 감이지요.

자청비: 고마워요.

심방: 아이고 야, 하늘옥황에도 꽃이 핀 모양이죠.

자청비: 예. 막 곱길래 꺾어서 머리에도 꽂고 왔지요.

심방: 그러니 올해 정월, 입춘날 보았는데 오늘은 더 곱네요.

자청비: 나 입춘 때 왔다 갔지만, 하늘에서 바라보니 거 뭐라더라 무슨 축제? 연물소리가 왕강징강 나길래 한 번 더 내려왔지요.

심방: 그래요?

자청비: 예.

심방: 어깨에 멘 것은 뭐예요?

자청비: 하늘에서 보낸 이건 좁씨고, 이건 보리씨고.

심방: 내어 놓아 보세요. (씨 주머니 열어 보여준다.) 하늘에는 비단이 많은가 봐요. (씨주머니도 옷도 다 비단이니까.)

자청비: 하늘나라 비단이 최고지요.

심방: 하늘나라에 비단이 최고? 이것 봐요. 얼마나 고마운 여신이에요? 조씨, 보리씨. (씨주머니를 하나씩 내어 놓는다.)

자청비: 바다밭에 뿌릴 씨앗도 챙겨 왔어요.

심방: 아이고, 구젱기(소라)랑 아이고, 왜?

자청비: (씨 주머니를 보다 잊은 것이 생각나서) 나 잠깐 하늘나라에 갔다 올게요. (급히 어딘가 갔다 와서) 이걸, 빼 먹고.

심방: 어째서 겨드랑이에 접혀 오셨어요?

자청비: 잃어버릴까 봐서요.

심방: 이건 메밀씨네. 어떻게 생겼는지 보여줘요.

자청비: 메밀씨가 어떻게 생겼느냐 하면. (씨주머니를 꺼내며.)

심방: 이것이 메밀씨예요?

자청비: 겨드랑이에 눌려서 각은 졌지만, 그러니 제주 비바리 물 속옷에 싸고 오다 눌려진 거지요.

심방: 물질할 때 옛날 속옷 벌모작한 거 입었지예? 메밀씨가 연하니까 속옷 입고 물질하당 보민 벗겨지니까 벗겨지지 말라고 벌모작하는 거지요. 메밀씨가 막 가벼우니 그겁니다. 씬 어떻게 뿌립니까?

자청비: 거 잘 물어봤네요. 오다 보니, 저기 강태공 서목시(신화에 나오는 신범한 목수) 나무 썰던 데 가서 보면, 나무 밑에 톱밥이 뿌려져 있는데 그거 좀 가져다가 씨와 버무려 섞어 뿌리면 잘 날 겁니다. 한 알도 떨구지 말고 잘 심어서 빙떡도 지져 먹어봐요.

심방: 아이고. 이건 익어 가는군. 덩드렁만썩 마께만썩 이삭을 보면 알 건데, 이건 어떻게 메밀인 줄 알까? 나는 줄 알면.

자청비: 먼저 난 곡식이 다 떨어져, 먹을 게 없어 배가 고파 가면, 그때 밭에 환하게 메밀꽃이 피면, 배고플 일은 없어지지요.

심방: 메밀꽃은 하얀 꽃, 아이고, 고맙습니다. 우리 자청비 어른 없인 못 살겠네요. 자청비 어른 이제랑 실컷 놀다 가요. 신나게, 어서요.

(노래)

오늘 오늘 오늘은 오늘이라
날도 좋아 오늘이라.
달도야 좋아서 오늘이라
세경 신중또 마누라님 오시는 날,
간장 간장 맺힌 간장, 맺힌 간장을 풀려 놀자.
(자청비 꽃을 들고 이쁘게 춤을 춘다.)

제3부

무조 신화 초공 본풀이

1° 성령을 잉태한 자주명왕 아기씨와 초공 콤플렉스

아기씨는 초공을 성령으로 잉태한 것인가? 사생아를 임신한 것인가? 신의 뿌리(신불휘)라 말하는 무조巫祖 신화는 심방이 신을 지키고, 신의 덕에 살고, 신을 대신하여 인간과 신을 이어주는 '신의 아이' '신의 형방刑房'이라 부르는 '심방[巫]'의 조상 삼시왕 신화다. 아름다운 어머니 '자주명왕 아기씨'와 무조 '젯부기 삼형제', 초공이라 부르는 본명두 · 신명두 · 삼명두의 내력담을 굿법과 무점법으로 그려낸 「초공본풀이」는 팔자를 그르쳐 심방으로 살아야 하는 신의 이야기다.

초공신 젯부기 삼형제는 인간처럼 어머니의 자궁에서 태어나지 못하고, 어머니의 한 맺힌 가슴을 헤치고 겨드랑이를 뜯어 태어났다는, 낯설고 이상하며 신이한 출생을 하였다. 무조 젯부기 삼형제는 인간처럼 태어나지 않았다. 성스러운 하늘님[天帝] '삼시왕'의 맥을 짚고 성령聖靈으로 잉태하였다. 그렇게 성령으로 잉태하였기 때문에 "팔자를 그르쳐 심방이 되어야만 했다." 그러므로 심방이 되어 팔자를 그르쳤기 때문에 한풀이의 비극이 완성되었다는 신의 뿌리가 「초공 본풀이」다.

심방들은 잘못된 세상, 이승의 타락한 사람들을 저승의 맑고 공정한 굿법으로 굿을 하여 생명을 구하는 팔자를 타고난 사람들이다. 신을 모시고, 신을 위하여 살고, 신을 위하여 먹고 입고 행동 발신하는 신역을 소명으로 받아들여, 팔자 그르쳐 심방으로 살아야 했던 신의 길이었다. 이 신길을 가야 하는 소명 의식을 '초공 콤플렉스'라 부를 수 있겠다. 팔자를 그르쳐야 하는 운명 또는 신의 선택을 피할 수 없는 것이 초공 콤플렉스다. 그러므로 신의 뿌리, 신의 근본은 '완전함'이 아니라 '흔들림'이다. 실컷 흔들리면서 신의 길을 찾아나서는 것이 초공의 신길 닦는 것이며, 그러한 팔자를 피할 수 없는 길이 초공 콤플렉스다.

「초공 본풀이」에는 제주 신화의 문화 계통, 당堂 오백을 있게 한 샤머니즘의 북방 문화와 절 오백을 있게 한 불교의 남방 문화의 접합에서 완성된 초공의 출생 계보를 이야기하는 대목이 나온다. "초공의 성할아버지[姓祖父]는 석가여래, 성할머니는 석가모니, 초공의 외할아버지[外祖父]는 천하 임정국 대감, 외할머니는 지하 김진국 부인, 초공의 아버지는 황금산 도단 땅 주접 선생, 어머니는 자주명왕 아기씨"다. 본풀이는 초공 젯부기 삼형제의 성친은 불교 계통이며, 외친은 무교(샤머니즘) 계통의 한류(고조선)의 가계임을 나타내고 있다. 아버지 황금산 주접 선생은 중이며, 어머니 자주명왕 아기씨는 고조선 또는 요하문명의 딸이란 말이다. 그러니까 본명두, 신명두, 삼명두라 부르는 젯부기 삼형제는 샤먼의 혈통을 지니고 있으며 중의 자식이다.

「초공 본풀이」에는 젯부기 삼형제를 낳은 어머니 미모의 여신 자주명왕 아기씨 이야기가 나온다. 옛날 천하 임정국 대감과 지하 김진국 부인이 부부가 되어 살았다. 부자로 살았으나 슬하에 자식이 없어 근심이 대단했다. 그러던 어느 날 황금산 도단 땅에 '주접 선생'이라는 스님이 권재勸齋를 받으러 왔다가, 동개남 은중절 법당에 와서 원불수륙재願佛水陸齋를 드리면 자식을 얻을 수 있다고 일러준다. 부부는 법당에 가서 석 달 열흘 백일 불공을 드렸는데, 정성이 백 근 다 차지 못해 슬하에 여자아이가 태어날 것이라 일러준다.

합궁일을 택해 천정배필을 맺고 신구월 초여드레 미모의 딸아이가 태어났는데, 이 아이에게 '이 산 줄이 뻗고 저 산 줄이 뻗어 왕대월산 금하늘 녹하綠下 단풍 자주명왕 아기씨'라는 매우 긴 이름을 지어준다. 가을 노을이 지는 저녁 무렵의 단풍처럼 아름답다고 해서 지은 이름이다. 이 이름을 줄여서 '자주명왕 아기씨' 또는 '아기씨'라 부른다. 이 아름다운 여인이 비극의 시작, 중의 자식 젯부기 삼형제의 잉태가 신의 출생이며 한의 잉태라는 말이다.

신의 뿌리를 푸는 「초공 본풀이」는 인간처럼 사는 것을 포기하고 신을 모시고 신의 덕에 먹고 입고 행동하는 심방으로 살아갈 것을 신의 이름으로 맹세한 '팔자 그르친 사람', 한을 잉태한 무조신의 이야기다. 그런데 스님은 권재를 받으러 갔다가 한 손으로는 하늘옥황의 단수육갑을 짚고, 한 손으로는 아기씨의 머리를 쓸었더니 임신이 되었고, 아기씨는 무조 삼형제를 잉태하게 된 것이다. 남녀 사이에 성관계를 하여 아이가 태어난 것이 아니다. 아기씨는 시주를 하고, 스님은 시주를 받으며 하늘의 맥을 짚었을 뿐이다. 하늘의 맥을 짚었더니 임신이 되었다는 것이다. 이는 성모 마리아가 하느님의 빛으로 예수를 잉태한 것처럼 일종의 '성령의 잉태'이며, 신들의 '신이한 출생'인 것이다. 이와 같은 빛의 잉태는 고구려의 주몽 신화에도 나온다. 해모수의 아이를 가진 유화는 하늘로부터 빛이 내려와 유화의 뱃속을 감쌌고, 그로부터 임신을 하게 되었으며, 둥그런 알을 하나 낳았다. 금와왕이 이를 돼지우리에 갖다 버렸지만 돼지들이 이를 보호했다. 그 알을 까고 나온 아이가 주몽이다. 문제는 예수를 낳은 마리아나, 주몽을 낳은 유화나, 젯부기 삼형제를 낳은 아기씨는 사생아를 잉태하였기 때문에 구박받거나 쫓겨났다는 것이다.

이와 같이 신의 아이를 가진 여인이 사생아를 낳았다는 죄목으로 추방당하는 이야기는 이민족에 대한 탄압, 이교도 집단에 대한 탄압, 무속과 불교에 대한 노골적인 탄압을 서술하는 대목이다. 아무튼 자주명왕 아기씨는 황금산 주접 선생 사이에서 본명두 · 신명두 · 삼명두 젯부기 삼형제를 낳게 된 것이다. 따라서 절간 법당에 가 불공을 드려 낳은 양반집 딸이 중과 통정하여 '중의 자식을 잉태'했다는 것은 무속이 불교와 한 계통이라는 것이며, 중의 자식이기 때문에 양반이면서도 사회에서 버림받는 것은 당대의 현실을 반영한 대목이다.

무조신 젯부기 삼형제는 역설적으로 서당에서 정상적으로 공부한 양반 삼천 선비를 제치고 과거에 급제한다. 그리고 과거에 낙방한 삼천 선비들이 젯부기 삼형제의 어머니를 죽여 하늘 삼시왕 깊은 궁에 가둬 버린다. 이를 안 삼형제는 과거를 반납하고 양반 되기를 포기하였으며, 심방이 되어 굿을 하여 어머니를 죽인 양반 삼천 선비를 복수한다.

현실 세계는 이승법으로 다스리는 사회, 양반들을 위한 사회지만, 과거를 반납하고 심방이 되어 죽음으로부터 어머니를 살리는 무속 사회는 저승의 맑고 공정한 법으로 천시받은 사람들의 한을 풀어주는 세상이라는 것, 그러한 세계가 무불혼융의 이상 사회라는 것을 보여 주고 있다.

2° 내 아버진 누굽니까? 하늘입니까, 주접 선생입니까?

'자주명왕 아기씨'의 탄생

초공 콤플렉스는 '자주명왕 아기씨'가 너무나도 아름답게 태어났기 때문에 생겨난 일이었다. 「초공 본풀이」에서 심방이 신구월(신이 태어난 구월이란 뜻)에 태어났으며, 9월에 태어났기 때문에 겪는 초공과 아기씨의 불행 그리고 자주명왕 아기씨가 9월의 단풍을 닮은 아름다운 미색을 지녔다고 붙여진 좋지 않은 운수, '추초봉상秋草逢霜'의 운명을 지니고 태어났다는 것도 팔자를 그르쳐 심방으로 또 다른 삶을 살아가야 하는 초공 콤플렉스의 출발이다.

어느 날 황금산 도단 땅에 사는 스님 '주접 선생'이 시주를 받으러 김진국 대감 집에 들렀다가, 점을 쳐주고는 예언을 하였다. "아기[生佛]를 얻으려면, 법당에 와서 기자불공을 드리시오. 그러면 자식을 얻을 수 있을 거요." 대사의 말을 듣고 부부는 100일 불공을 드렸다. 100일째 되는 날, 스님은 정성이 부족하기 때문에 딸아이가 태어날 것이라 예언하였다. 부부는 집으로 돌아와 합궁合宮할 날을 잡아 천정배필을 맺고 9월 초여드렛날 아름다운 딸아이를 낳았다.

제주의 자연을 닮은 아이, 너무나도 지극정성으로 태어난 딸아이는 단풍이 곱게 물든 9월 하늘처럼 곱다고 '자주명왕 아기씨'라 했는데, 아기씨가 자라 열다섯 살이 되었을 때, 임정국 대감은 천하공사, 김진국 부인은 지하공사를 살러 오라는 옥황상제의 부름을 받게 되었다. 부부는 아기씨를 궁 안에 가두어 놓고 자물쇠로 잠그고 봉인을 한 후, 계집종 '느진덕 정하님'에게 창문 구멍으로 밥을 주고 창문 구멍으로 옷을 주며 아기씨를 잘 키우고 있으면, 돌아와 종살이를 면제시켜 주겠노라 약속하고 하늘로 올라갔다. 아기씨는 이미 다 자라 처녀가 됐는데 부모는 집을 비웠던 것이다. 말만큼 자란 처녀를 두고 공사 살러 하늘에 올라갔던 것이다.

자주명왕 아기씨의 사랑을 얻으려는 지혜와 돈 삼천 냥

아기씨는 고삐 풀린 사내들, 미숙한 성인 양반 삼천 선비나 노련한 불승 주접 선생에겐 먹잇감에 불과했다. 아기씨에겐 위기인지 기회인지 위험한 신호가 오고 있었다. 선택은 아기씨에게 있었고, 아기씨는 불승 주접 선생을 배우자로 '그 운명적인 선택'을 하였다. 그리하여 몸을 허락하게 되었지만 스님은 아무 일도 없었다고 변명한다. 한 손은 하늘 옥황상제의 맥을 짚고 있었고 다른 손은 아기씨의 머리를 쓸고 있었다는 것이다. 아가씨는 이 거짓말을 그대로 받아들여 결국 성령을 받아 임신한 여자, 사실은 애비 없는 사생아를 잉태한 여자가 되어 버렸다. 이 팔자를 그르쳐야만 하는 비극의 시작을 초공 콤플렉스의 시작이라 하겠다.

사랑을 얻기 위한 남자들의 싸움은 나라와 신분을 건 전쟁이어야 했다. 그랬어야 9월 단풍 같은 아기씨의 주가 또한 드높을 텐데, 신화는 양반 삼천 선비와 불승 주접 선생의 내기, 아기씨의 사랑을 확인할 증표를 건 사랑 싸움으로만 그려져 있다. 그런데 「초공 본풀이」가 비극인 것은 아기씨가 사랑했고, 사랑을 쟁취한 남자는 누구인가가 밝혀지지 않았기 때문이다. 결국 애비 없는 초공 젯부기 삼형제가 과거를 반납하고 하늘에 갇힌 어머니를 구하기 위해 심방이 되어야만 했던 것이다.

주접 선생이 아기씨의 머리를 세 번 쓸어내린 '성희롱 같은' 사건은 부모님이 하늘 공사를 살러 가 집을 비운 사이에 일어났다. 그것은 딸의 관리 소홀이었다. 양반 삼천 선비는 돈 삼천 냥(재물)을 걸고, 불승 황금산의 주접 선생은 신통력(지혜)을 걸어 내기를 하였다. 누구든 양반 집의 무남독녀 외동딸인 '자주명왕 아기씨'에게 시주를 받아오면 돈 삼천 냥을 준다는 것이다. 황금산 주접 선생이 나서서 시주를 받아오겠다고 했다. 그는 곧 아기씨를 찾아가서 술법으로 닫힌 살창을 열고, 아기씨가 살창에서 걸어 나와 직접 쌀을 퍼다 시주토록 했다. 주접 선생의 신통력이 양반들과의 내기에서 이긴 것이다.

신통력을 지닌 주접 선생은 시주를 받으며 영력을 내어 "한 손으론 하늘의 맥을 짚고, 한 손으론 아가씨의 머리를 세 번 쓸었다."고 거짓말을 하였다. 그 자리에서 부모님이 근무하는 하늘나라 옥황천제의 맥을 짚을 수는 없었을 것이다. 사실은 "한 손은 자신의 무엇을 잡고, 다른 한 손은 아기씨의 무엇을 만지며 무엇을 하였"을 것이다. 그러고는 고깔과 장삼 귀를 증표로 주고 돌아갔던 것이다. 그렇게 사건이 저질러졌고 아기씨는 운명적인 선택을 한 것이었다.

내 아버지는 하늘입니까, '주접 선생'입니까?

그때부터 아기씨는 임신을 하게 되었다. 날마다 배가 불러오는 터에 놀란 계집종은 하늘 공사와 지하 공사를 살러 간 부모님께 편지를 하여 큰일이 났으니 빨리 집으로 돌아오라고 하였다. 부모님은 벼슬을 그만두고 돌아왔다.

어머니는 딸의 모습을 보니 이상했다. 배는 불고, 젖꼭지는 검고 젖줄이 섰다. 임신한 게 분명했다. 은대야에 딸을 올려놓고 보니 뱃속에 중의 아들 삼형제를 품고 있는 것이 분명히 보였다. 부모가 딸을 죽이자니 다섯 목숨을 죽여야 할 판이었다. 하는 수 없이 검은 암소에 행장을 싣고 집 밖으로 쫓아버렸다. 아기씨는 성관계를 하지 않고도 사생아를 배어 한을 품은 죄인이 되었고, 그러한 인연의 씨앗은 아버지로부터 비롯한 것이었다. 무조신 젯부기 삼형제의 아버지는 황금산 도단 땅의 주접 선생이라는 스님이었다.

「초공 본풀이」는 그가 만들어 놓은 인연의 사슬에 의해 이야기가 전개되어 나간다. 먼저 '양반 삼천 선비'에게 부귀영화를 누리고 있는 대감일지라도 자식이 없는 팔자라면 새와 짐승, 거지 부부만도 못하다는 점을 일깨워 준다. 양반의 기득권이 되고 있는 부귀영화가 부질없다는 것, 색즉시공임을 깨우치게 하고, 자식 없음을 한탄하게 한다. 양반 사회의 허위에 대한 까발림이다. 결국 모든 것을 가졌지만 아무것도 가진 것이 없는 셈이다. 아이를 얻기 위해서는 누구든지 법당에 와서 기도를 해야 한다. 생불(아이)을 얻기 위해서는 양반 사대부들도 법당에 와서 기자불공을 드려야 한다. 수만금을 차려 올리는 기도지만 정성이 부족하다 하여 아들이 아닌 딸을 점지해 준다.

이와 같이 신화의 발단부는 득남을 할 수 없도록 함으로써 부계 전통의 양반 사회를 불완전하게 하고, 딸을 통한 모계적 무속적 전통을 계승하게 함으로써 무교와 불교가 융화 공존하는 새로운 이상 세계를 설정하고 있다. 양반과의 내기에서 이겨 아기씨를 쟁취하는 것은 양반의 권세보다 스님의 신통력이 우위에 있음을 나타낸다. 그리고 신화는 스님의 자식을 잉태하였기 때문에 양반 사회에서 쫓겨난 아기씨의 임신과 출산, 산육의 과정을 통하여 아버지의 세계, 황금산 도단땅이라는 불교의 세계와도 다른 새로운 살림집 '불도땅' 이야기로 이어진다. 따라서 무조 신화 「초공 본풀이」의 발단부는 결국 유교적인 양반 사회의 붕괴와 무속과 불교가 혼융된 새로운 이상 사회의 건설을 이야기한다. 그러므로 새로운 세상은 서방정토가 아닌 '아기를 잉태하는 땅'으로서 '불도땅'인 셈이다. 그렇다면 불도땅은 어디인가.

3° 스님의 애를 밴 아기씨의 추방과 '건지오름'의 성년식

「초공 본풀이」의 다음 이야기는 스님의 자식을 임신하였다고 집에서 쫓겨난 '자주명왕 아기씨'가 계집종 '느진덕 정하님'을 데리고, 주접 선생을 찾아 머나먼 '황금산 도단 땅'을 찾아가는 이야기다. 아기씨가 남편을 찾아가는 길은 고행의 과정이며, 그 고행의 과정은 아이가 어른이 되는 성년식의 의미를 지닌다. 길과 길 사이에는 건너야 할 다리가 있다. 다리마다 문제가 있고, 문제를 풀어야 다리를 지나갈 수 있다. 그리고 다리는 아기씨가 겪는 '마음의 갈등'을 나타내고 있다.

「초공 본풀이」는 남편의 땅, 부처님을 모시고 있는 황금산을 '성聖의 세계-저승'으로 그리고 있으며, 부모님의 땅, 천하 임정국 대감이 살고 있는 궁전은 '속俗의 세계-이승'으로 그리고 있다. 그리고 부모님의 땅에서 쫓겨나 남편을 찾아가는 길은 성의 세계와 속의 세계, 중간지대다. 아기씨가 훗날 아들 '젯부기 삼형제'를 낳았던 불도땅도 아마

성과 속, 하늘과 땅, 저승과 이승의 중간 지점이라 생각한다. 아기씨가 가는 길은 어린이가 어른이 되기 위하여 겪어야 할 고행의 길이며, 이러한 과정은 동서양 어디서나 아이가 어른이 되는 의례로서 입사식入社式 또는 성년식成年式이라 한다. 불교에서는 깨달음[得道]을 위하여 '길을 찾아 떠나는 과정'이며, 무속에서는 심방이 되는 길[入巫儀禮]이라 할 수 있을 것이다. 길을 찾아 떠나는 과정은 수수께끼를 푸는 것과 같다. 쉽게 말하면 아이가 어른이 되기 위하여 문제를 풀어나가는 과정이다. 이는 굿을 하여 점을 치는 것과 마찬가지다.

신화에 의하면, 쫓겨난 아기씨는 아버지가 준 부채, 급한 일이 생길 때 쓰라고 준 금부채를 들고 길을 떠난다. 처음부터 동서를 분간할 수 없는 길이 나타난다. 필요할 때는 아버지가 준 금부채 다리를 놓아 지나갈 수 있었다. 가다 보니 마른 억새밭에 불이 붙고 있었다. 계집종이 말하기를 그것은 부모님 가슴에 붙는 불이라 하였다. 아기씨 마음에도 불이 붙는 것 같았다. 아기씨는 부모님이 임신 사실을 알고 죽이려 했던 마음을 보여주는 칼날이 선 듯한 '칼선다리'를 지나고, 마음 아프게 했던 '애선다리'를 지나고, 서로 등을 돌려 떠나야만 했던 '등진다리'를 지나, 정처 없이 여기까지 왔다. 가다 보니 '건지오름'이 나타난다. 그곳에서 아기씨는 건지를 틀어 올려 성년식을 하고, 조심조심 '조심다리'를 지나서 청수바다, 흑수바다, 낙수바다 수삼천리에 이르렀다. 더 이상 건널 수 없어 한참 울다가 지쳐 잠이 들었다. 꿈에 하얀 강아지가 나타났다. "상전님아, 상전님아, 나를 모르겠습니까?" 강아지는 아기씨가 기르다 병들어 죽어 바다에 던져버리자 용왕국 거북사자가 되었다 한다. 깨어 보니 꿈의 거북이가 등 위에 올라타라 한다. 그리하여 아기씨는 거북이 등을 타고 수삼천리 낙수바다를 건너, 주접 선생이 사는 황금산 도단 땅에 이르게 된 것이다.

무조 신화에서 아기씨가 황금산 도단 땅을 찾아가는 과정에서 이루어지는 다리는 아기씨의 마음을 표현하며, 그것은 제주도 무점법이 되고 있다. 굿을 할 때, 심방은 신칼 한 짝을 던져 점을 친다. 이를 신칼점이라 한다. 신칼점은 임신한 아기씨가 집에서 쫓겨나 남편을 찾아가는 어렵고 힘든 고통의 과정을 표현하고 있다. 다시 말하면, 심방이 점을 치는 행위가 무조의 어머니 아기씨의 마음을 읽는 관심법觀心法이라는 것이다. 신칼의 칼날이 바로 선 것을 '칼선다리', 신칼의 날이 안으로 선 것은 '애선다리', 신칼의 날이 바깥쪽으로 돌려진 것을 '등진다리', 신칼 날이 모두 왼쪽 방향으로 된 것은 '왼쪽자부다리'라 한다. 따라서 신칼점으로 아기씨의 마음을 읽고, 신의 마음을 인간에게 전달한다. 임신을 하여 쫓겨나, 세속의 세계에서 성스러운 불타의 세계로 길을 떠나는 고행은, 아이가 어른이 되는 인생의 행로, 사람의 생로병사, 오욕칠정, 길흉화복이 다 신칼의 날로 표현된다.

칼날은 예리한 마음, 상처받은 마음이다. 아기씨의 상처받은 마음이 한이며, 한을 푸는 것이 굿이다. 불교에서는 인생은 고통이며, 이 고통에서 해방되는 것을 깨달음이라 한다. 임신한 아기씨는 고통 또는 한을 잉태한 것이며, 그것이 양반 가문에 태어나 중의 자식을 잉태한 죄로 집에서 쫓겨나 불도땅을 찾아가는 아기씨가 겪어야 할 원죄의 고통이다. 이와 같이 무속과 불교는 신화를 통하여 천시받은 민중의 한을 풀어나가는 과정을 굿으로 엮어 나간다.

4° 자주명왕 아기씨가
젯부기 삼형제를 낳고 기른 불도땅

「초공 본풀이」의 불도땅 이야기는 자주명왕 아기씨가 무조 삼형제를 낳고 기른 이야기다. 불도땅은 삼싱할망이 아기가 어머니의 태에서 나와 열다섯 살이 될 때까지 키워 주는 곳이다. 그러므로 어린아이를 '할망이 지키는 아이'라 한다. 그러나 어머니의 겨드랑이를 찢고, 가슴을 헤치고 세상에 나온 젯부기 삼형제는 출생부터 이상했으니 불도땅에서 별 탈 없이 자랄 수 있었을까? 보통 아이가 아닌 특별한 아이, 신의 아이들은 어떻게 자라났을까? 그들은 평범한 민중의 아이도 양반 삼천 선비도 아니었다. 젯부기 삼형제는 양반집에서 태어났으나 중의 자식이었기 때문에 차별을 받았고, 태어난 과정도 보통 아이들과 달랐기 때문에 성장 과정도 그에 못지않았다. 그들은 '팔자 그르친 심방의 길'을 걸어야 했다.

그러므로 불도땅은 아이들에게는 복잡한 이승과 저승, 성속의 경계

점에 있다. 그리고 이곳은 현실 세계에서 쫓겨난 자주명왕 아기씨가 앞으로 태어날 젯부기 삼형제를 열다섯 살이 될 때까지 훌륭한 심방으로 키워내야 할 곳이며, 신의 아이 삼형제가 고통과 시련을 겪으며 한을 쌓으며 심신을 단련하는 고행의 도량이 될 곳이었다. 이상하게 태어났고 어렵게 살 팔자를 타고난 아이가 초공 콤플렉스를 극복하여 좋은 심방으로 성장해야 할 곳이었다. 불도땅은 아버지가 사는 '불佛·성聖의 세계-저승'에 같이 살 수 없는 어머니가 아이를 '무巫·속俗의 세계-이승'으로 데려가기 위하여, 깊은 산골에 사는 '저승의 중'이 아니라 마을에 사는 '이승의 심방'으로 아이를 양육하는 교육의 도량이었다.

「초공 본풀이」에 의하면, 쫓겨난 자주명왕 아기씨는 무거운 몸을 이끌고 온갖 고난을 견디며 간신히 황금산 도단 땅에 이르렀다. 절문 앞에 이르자 귀 없는 고깔과 자락 없는 장삼이 걸려 있었다. 황금산 도단 땅 절을 지키는 대사 주접 선생은 아기씨를 보자, 인연을 맺은 증거물을 내놓으라고 하였다. 고깔과 장삼 자락을 내놓았다.

다음에는 문제를 내었다. 문제는 벼 두 동이를 손톱으로 다 까서 올리라고 하였다. 자주명왕 아기씨는 벼를 손톱으로 까다 지쳐 울다 잠이 들었는데, 참새들이 벼를 다 까놓았다. 주접 선생은 그때야 아기씨를 인정해 주었다. 그렇지만 중은 부부 살림을 할 수 없으니 불도땅을 찾아가 그곳에서 아이를 낳아야 한다 하였다. 아기씨는 황금산을 떠나 불도땅을 찾아갔다. 그곳에서 초공 젯부기 삼형제를 낳았다.

9월 초여드레, 큰아들 '본명두'(무점구 요령搖鈴을 뜻함)가 태 밖으로 나오려는데, 어머니의 음문으로 나오고 싶었으나, 아버지도 아니 보았던 길이라 어머니의 오른쪽 겨드랑이를 허위 뜯어 태어났다. 9월 열여드레 둘째아들 '신명두'(무점구 신칼[神刀]을 뜻함)도 차마 그 길로 나올 수 없어 왼쪽 겨드랑이로 태어났다. 9월 스무여드레 태어난 셋째아들 '살아살축 삼명두'(무점구 산판을 뜻함)는 어머님의 애달픈 가슴을 허위 뜯어 솟아났다. 때문에 무조 삼형제가 태어난 음력 9월은 팔자 그르친 심방의 탄신일로 '신구월'이라 하였다. 그리고 신구월에 태어난 젯부기 삼형제를 무구巫具의 조상 '삼명두三明刀'라고도 부르게 되었다.

불도땅에서 본명두 · 신명두 · 삼명두가 태어나 여덟 살 되던 해, 삼형제는 가난하여 서당에 갈 형편이 못 되었다. 어머니는 서당 선생님에 부탁하여 맏형은 벼룻물 떠놓는 일, 둘째는 재떨이 청소, 셋째는 방에 불 때는 일을 맡아 하는 대신 어깨 너머로 글 공부를 할 수 있게 하였다. 때문에 이 삼형제를 '부엌에서 제 심부름하는 아이'란 뜻에서 '젯부기 삼형제'라 불렀다. 삼형제의 공부는 양반 선비들처럼 서당의 정규 과정을 통하여 책을 읽고 배운 공부가 아니라 괄시와 천대를 체험하며 어깨 너머로 들어서 배운 구전口傳의 학식이었다. 체험을 통하여 배우는 심방의 학습은 민중의 고통을 통하여 깨달음을 얻는 불교의 세속화, 인본주의 종교로서 대승불교의 맥을 잇는 의미도 있다.

아기씨의 임신은 고통 또는 한을 잉태한 것이라 했다. 인연을 찾아 고해의 바다를 건너 성聖의 세계를 찾아온 아기씨에게 남편인 주접 선생은 "중은 부부살림을 하지 않으니, 불도땅에 가서 아이를 낳으라."고 했다. 자신이 뿌린 인연을 끊어버린 무정한 성聖의 세계는 주접 선생으로 대표되는 불교의 소승적 교리를 좇으며 지켜온, 더 이상 세속화될 수 없는, 민중과 단절된, 깊은 산 속에 매몰되어 신격화되고 관념화된 불교이다.

오히려 자주명왕 아기씨와 젯부기 삼형제가 훌륭하게 성장한 불도땅은 새로운 가능의 세계이며, 민중의 삶을 배우며 세속으로 가는 도량이었다. 한을 잉태한 어머니가 한을 푸는 곳이며, 어머니의 한 많은 가슴과 겨드랑이를 허위 뜯고 태어난 젯부기 삼형제가 다시 한을 심고 고통을 통하여 심신을 단련할 수 있는 고행의 도량이었다. 다시 말하면 불도땅은 심방이 세속의 세계로 나아가기 위하여 심방[巫] 수업을 하는 곳이며, 아이들이 중생의 괴로움을 함께하는 세속화의 길이었다. 그러므로 불도땅은 '아버지=불교=씨앗'이 '어머니의 한=무속=태'에서 아비 없는 사생아로 태어나 양반들의 천시와 멸시 속에서 양반들처럼 서당에서 정규 수업을 받지는 못했지만, 서당에서 불을 때고 물을 긷는 동안 귀동냥으로 글 소리를 듣고 배워 훌륭한 아이로 성장시킨 교육장이었다.

무조 신화 「초공 본풀이」가 함유하고 있는 상징은 중의 아들이며 심방의 시조인 젯부기 삼형제의 성장 과정을 통하여 숭유억불崇儒抑佛 하는 사회에서 무속이 불교 교화의 또 다른 선택이었음을 의미하기도 한다. 불교의 무속화는 중으로서가 아니라 심방이 되어 속세에 나가 민중의 한을 풀어주는 새로운 교화의 방법이며, 양반 사회에서 천대를 받으며 한을 심고, 한을 풀어온 민중의 해원解冤 신앙이었다. 그러므로 「초공 본풀이」에서 불도땅은 심방이 '민중의 한을 푸는 저승법'을 공부하는 학습장이었다.

5. 신의 아이가 불도땅에서 새 심방으로 성장하는 길

불도땅은 아이를 낳아 열다섯 살까지 키워주는 곳이다. 이곳은 '삼승할망' 또는 '불도할망'이라고 부르는 산신産神이 있어 아직 성년이 되지 않은 아이들을 보살피는 곳, 미완성의 영혼과 육체를 단련시키는 교육[佛道]의 도량이다. 아이들의 혼과 넋은 채 굳어지지 않아 세상일에 조금만 놀라도 "넋이 나가고 혼이 나간다." 넋이 머리의 상가마를 통하여 육신의 밖으로 나가 떠돌게 되면, 아이는 넋 빠진 얼굴을 하고, 그때마다 삼승할망은 나간 넋을 상가마 위에 입으로 불어넣어 "오마, 넋들라!" 하며 넋을 들여 넣는다. 이렇게 미완성의 혼과 넋을 굳히며, 선과 악, 미움과 괄시, 증오와 복수 등 세속의 일들을 배우는 과정이 아이가 어른이 되는 길이다.

그리하여 세속의 아이들은 열다섯 살이 되면, 과거 시험을 보게 된다. 세속의 양반 아이들이 어른이 되는 길은 과거에 급제하여 세간에 나가 부귀영화를 누리는 것이며, 그 목적을 이루기 위해 글 공부, 활 공부를 한다. 그러나 어머니 자주명왕 아기씨와 함께 저승(황금산)에서 쫓겨난 신의 아이가 어른이 되는 길은 양반 삼천 선비의 멸시를 받으며 슬픔과 한을 쌓고 영혼과 육신을 단련시키는 시련을 겪으며, 마음고생을 통하여 남의 고통을 이해하게 되고, 양반 삼천 선비의 글 읽는 소리를 서당 부엌에서 귀동냥으로 듣고 배우는 것이다.

맹자는 "하늘이 장차 이 사람에게 큰일을 맡기려 할 때는 반드시 먼저 그 마음과 뜻을 괴롭게 하며, 그 근육과 뼈를 피곤하게 하며, 그 몸과 살을 주리게 하며, 그 몸을 궁핍하게 한다."고 하였다. 신의 아이가 세속의 아이들(양반)에게 학대와 멸시를 받으며 심방으로 성장하는 시련의 길을 우리는 입사식 또는 성년식이라 한다. 그것은 몸과 마음을 단련하여 장차 민중의 한을 풀어줄 수 있는 능력을 갖추고 팔자를 그르쳐 심방으로 거듭나는 길이기 때문이다.

젯부기 삼형제가 시련을 겪을 때마다, 아버지 주접 선생은 신통력을 발휘하여 아이를 위기에서 구해 준다. '황금산 주접 선생의 신령스런 영기'가 내려와 젯부기 삼형제가 과거에 급제하는 세속의 길을 도와준 것이다. 아버지의 신통력은 부처님 손바닥처럼 우주를 관통하며, 부처님의 법력으로 과거 급제를 도와주었다. 그러므로 팔자를 그르쳐 심방이 되는 것은 신의 선택이며 동시에 부처님의 뜻이었던 것이다.

「초공 본풀이」에 의하면, 젯부기 삼형제가 열다섯 살 되는 해 서당 삼천 선비들이 서울로 과거 시험을 보러 가게 되었다. 삼형제는 간신히 어머니의 허락을 받아 양반 삼천 선비들의 짐꾼으로 따라가게 되었다. 가던 도중 선비들의 모략으로 배를 따다 도둑으로 몰리게 되었다. 배나무의 주인 배좌수는 황금산 주접 선생의 신통력에 의해 청룡 · 황룡이 얽히는 꿈의 계시를 받았고, 젯부기 삼형제가 과거에 급제할 인물임을 미리 알고 돈 열 냥씩을 주어 보냈다. 젯부기 삼형제는 역시 아버지 황금산 주접 선생의 신통력의 도움을 받았던지, 천지창조의 원리를 담고 있는 「천지왕 본풀이」의 내용이 속속들이 머릿속에 떠오르는 것이었다. 그리하여 시험을 감독하는 상시관에게, 맏형은 '천지혼합天地混合', 둘째는 '천지개벽天地開闢', 셋째는 '삼경개문三更開門'을 써 올려 양반 삼천 선비를 제치고 당당하게 과거에 급제하였던 것이다.

귀동냥으로 공부한 아이들이 서당에서 정식으로 경전을 공부한 삼천 선비의 경륜을 능가하는 기적이 일어난 것은 글로 쓰이지 않은 굿제차와 본풀이 등을 말로 외우는 굿 공부, '무당서 3000권의 내용을 다 외우는 기적'이 있어 가능한 것이었다. 그러나 삼천 선비들은 패배를 인정하지 않았다. 오히려 그들은 삼형제가 중의 자식임을 밝혀내 결국 삼형제가 과거를 포기하게 했으나, 다시 한 활쏘기 시합에서는 젯부기 삼형제만이 연추문을 맞혀 결국 과거에 급제하여 금의환향하게 되었다.

과거에 낙방한 삼천 선비들은 흉계를 꾸며, 계집종 느진덕이 정하님을 꾀어내어 젯부기 삼형제의 어머니 '자주명왕 아기씨'를 명주전대로 묶어 죽이고 하늘나라 삼천천제석궁三千天帝釋宮에 가두어 버렸다. 뒤늦게 어머니의 죽음을 알게 된 삼형제는 과거를 반납하고 행전을 벗어 통두건을 쓰고, 어머니의 무덤을 찾아갔으나 아무것도 없는 헛

봉분이었다. 삼형제는 양반 삼천 선비의 흉계임을 알았고, 벼슬을 포기하고 어머니를 찾아 나섰다.

하늘나라로 가는 길은 심방이 되어 굿을 하여 하늘 신궁神宮의 문을 여는 것이었다. 「초공 본풀이」에 의하면, 삼천 선비가 과거를 하고 벼슬을 하게 되면, 현실 세계에서 이승법을 집행하는 관리처럼 민중의 삶을 함부로 하겠지만, 중의 아들 젯부기 삼형제가 양반 대신 과거에 급제한 것은 굿을 하여 맑고 공정한 저승법으로 병든 사람을 고치기 위함이었다. 그러나 결과는 달랐다. 삼천 선비는 과거에 낙방한 복수로 젯부기 삼형제의 어머니를 죽였고, 젯부기 삼형제는 과거를 반납하고 어머니를 살리기 위하여 심방이 되었다. 맑고 공정한 저승법으로 양반으로부터 고통받는 민중의 한을 풀어주는 심방의 길을 택한 것이었다.

세속의 아이들은 성인이 되기 위하여 지식을 쌓고 벼슬을 하여 이승법으로 사람을 죽이는 현실의 양반이 되었지만, 신의 아이는 부처님의 도움을 받아 지혜를 깨닫고 저승법으로 죽어 가는 사람을 살리는 심방, '신의 형방刑房'이 되었다. 젯부기 삼형제의 과거 급제는 연추문을 맞추어 넘어뜨린 것이었고, 그것은 하늘의 문을 여는 신통력을 얻은 것이며, 저승으로 갈 수 있는 능력을 획득한 것이었다. 신의 아이가 어른이 되는 것은 저승으로 갈 수 있는 능력, 굿을 하여 어머니를 살릴 수 있는 심방의 능력을 얻은 것이었다. 불도땅의 공부는 신의 아이, 무조 젯부기 삼형제가 하나의 완전한 심방이 되기 위해 치르는 일종의 입사식과 같은 의식이었다.

6° 하늘 신궁의 문을 여는 심방의 길

신의 아이가 어른이 되어 심방이 되면, 굿할 수 있는 능력을 지니게 된다. 굿은 맑고 공정한 저승법으로 병든 속세의 사람들을 치료하는 것이다. 굿을 하는 심방은 귀신과 생인 사이에서 놀며, 귀신에게는 인간의 뜻을 전달하여 축원하고, 귀신으로부터 전달받은 내용을 인간에게 말해 준다. 말하자면 심방은 신과 인간의 중재자다. 심방은 현실세계의 변호사 역할을 한다. 그리고 판사 역할은 신이 한다. 변호사가 심방이니까 인간의 병, 죄와 부정 같은 것을 어떻게 좀 봐달라고 부탁하는 것이다.

심방은 무슨 뜻일까? 심방은 '신의 길을 간다'는 의미에서 신방神方이라고도 하며, 굿의 사설에 자주 나오는 '신의 아이, 신의 형방刑房'이라는 의미도 가지고 있다. 이승의 양반 관리들은 세속의 법으로 인간을 잡아 가두지만, 심방은 변호사가 되어 맑고 공정한 저승법으로 신에게 인간의 죄를 사하여 달라고 간절하게 빌어 인간을 구한다. 팔자를 그르쳐 심방이 되는 것은, '신의 덕에 먹고, 입고, 자겠다'는 결의이며, 신의 길을 따라 저승 삼시왕 삼천천제석궁에 갇힌 어머니 자주명왕 아기씨를 구하겠다는 신의 부름이며, 동시에 부처님의 뜻이었다. 그러나 심방이 되어 저승으로 가기 위해선 천지공사天地公事를 맡아보는 외할아버지가 신들과 만날 수 있도록 다리를 놓아준 배석拜席 자리와, 천지의 문, 즉 하늘 신궁의 문을 여는 방법을 가르쳐준 아버지 황금산 주접 선생의 도움이 필요했다.

외할아버지를 찾아가니, 배석 자리를 내어주고 어머니를 찾으려면 황금산 도단 땅 아버지를 찾아가라 일러주었다. 그때 생겨난 법으로, 심방이 굿하러 가면, 신神자리라 해서 돗자리를 깔아주는 법이 생겼다. 심방은 신자리 위에서 춤을 추고, 절을 하며, 굿을 진행해 나가기 때문에 제주도의 큰굿에서 굿 한 마당을 굿 한 석席이라 한다.

젯부기 삼형제가 아버지를 찾아가는 길에는 주몽 신화처럼 지혜를 시험하는 '수수께끼' 요소가 있다. "나를 찾아오며 보았던 것이 무엇이냐?" "하늘 · 땅 · 문입니다." 삼형제가 대답하자, 아버지 황금산 주접 선생은 동그란 놋쇠에 '천지문天地門'이라 새겨진 천문을 만들어주었다. 그래서 천문은 굿을 할 때 신의 뜻을 묻는 무점구巫占具가 되었다. 절간 법당을 지키는 아버지 황금산 주접 선생이 아이들에게 가르친 것은 하늘의 문을 여는 굿의 원리였다. 아버지는 어머니를 찾으려면 팔자를 그르쳐 심방이 되라 하였다.

황금산의 주접 선생은 물었다. "큰아들아, 과거에 합격하니 무엇이 좋더냐?" "도임상到任床이 좋았습니다." "설운 아기야, 그러면 넌 굿을 할 때는 초감제를 맡거라." "둘째아들아 과거를 하니 너는 무엇이 좋더냐?" "어수애[御賜花] 비수애[妃賜花]를 꽂은 날개 달린 관복이 좋았습니다." "그러면 그런 관복을 입고, 신을 맞이하는 초신맞이 굿을 해보아라." "작은아들은 무엇이 좋더냐?" "과거에 급제하여 행차하는 광경이 정말 구경할 만했답니다." "그러면 너는 열두시왕을 맞이하는 시왕맞이 굿을 맡아라." 하였다. 삼천 선비가 어머니를 죽여 삼천천제석궁 깊은 궁에 가둬버렸을 때, 삼형제가 과거에 급제하여 부귀영화를 누리는 세속의 길을 포기하고, 팔자를 그르쳐 어머니를 살리려 했던 최초의 굿은 그렇게 이루어졌다.

초감제는 관복을 차려 입고, 과거 급제하여 도임할 때 받던 상을 좋아한 맞이가 맡았다. 최초의 굿에서 초감제는 이승에서 관리가 되기를 포기하고 심방이 된 맞이가 다시 관복을 입고, 저승법을 집행하기 위하여 하늘에서 내림하는 신들을 청하는 청신의례請神儀禮다.

초신맞이는 관복을 차려 입고, 과거에 급제하여, 가마를 타고 하인을 거느려 행차하는 과정을 인상 깊게 보았던 둘째가 맡게 되었다. 최초의 굿에서 초신맞이는 하늘에서 내려온 신들의 행렬을 오리 밖까지 가서 맞이하고 모셔 오는 영신의례迎神儀禮이다. 끝으로 시왕맞이는 남수화주藍水禾紬 적쾌자赤快子에 갓을 쓴 관복 차림을 좋아한 셋째가 맡게 되었다. 이 관복 차림은 「차사 본풀이」에 등장하는 인간 차사 강림이 저승 갈 때의 차림과 같다. 시왕맞이는 저승의 관복을 입고 열두시왕을 맞이하여 환자의 명과 복을 이어 주고, 죽은 영혼을 천도하는 의례다.

제주도의 큰굿은 황금산 주접 선생 대선사가 중생을 구제하는 새로운 방법으로 택한 굿으로, 초감제 · 초신맞이 · 시왕맞이를 기본 틀로 한다. 이런 제주 굿의 원형에 집안의 사정에 따라 다른 굿이 포함되어 전체적인 모양새를 갖추게 된 것이다. 그리고 각 굿의 제차마다 각기 다른 심방들이 자기가 잘하는 굿 한 자리씩 맡아서 하는 것이 보통이다. 심방이 깔아놓아 신을 맞이하는 배석 자리는 외할아버지가 깔아 준 저승의 맑고 공정한 법으로 다스리는 굿판이며, 심방은 신자리마다 신을 청하여 인간의 간절한 사연을 변호하여 인간을 살려주겠다는 신의 심판을 받아낸다.

7° 신전집을 지키는 악기의 신 너사무너 도령 삼형제

굿은 하늘 신궁의 문을 열어 신들을 지상에 내려오도록 하는 하강 의식이며, 이를 청신이라 한다. 심방이 청신하는 의식은 초감제라 하여, 젯부기 삼형제가 부처님의 나라 황금산 도단 땅에 사는 아버지 황금산 주접 선생의 가르침을 받아 천지의 문을 여는 것이다. 이는 천지 혼합의 무질서로부터 천지개벽의 질서 세계로 천지를 'ᄀᆞᆸ가르는(구분하는) 의식'이다. 그런데 젯부기 삼형제는 아버지로부터 하늘 신궁의 문을 여는 굿법을 전수는 받았으나, 아버지가 내어준 천문天門 상잔床盞과 같은 무구巫具만 가지고는 굿을 할 수 없었다.

하늘의 문을 열어 어머니를 살려내는 굿을 하려면, 무구를 들고 춤을 추어, 하늘과 땅을 'ᄀᆞᆸ가르는 심방'과 함께, 악기를 울려 하늘과 땅을 진동 · 감응케 하는 소무[樂士]가 필요하였다. 이 세상에 춤이 시작된 것은 글도 장원, 활도 장원하여 과거에 급제하여 속세의 사람들을

문文으로써 제도하는 양반의 삶을 포기하고 신의 덕에 먹고 입고 행동하며 신들과 함께 살기 위하여 팔자를 그르친 예인 광대, 심방의 조상신 '젯부기 삼형제'로부터 비롯된 것이다. 심방이 춤을 추면 소무가 악기를 쳐야 굿이 된다. 이처럼 무조 삼형제와 의형제를 맺은 팔자동관八字同官 유학형제儒學兄弟, 악기의 신 '너사무너 도령 삼형제'가 있었다.

춤을 추는 심방과 악기를 두드리는 소무의 관계는 무조신 '젯부기 삼형제'와 악기의 신 '너사무너 도령'의 관계와도 같다. 굿을 할 때 심방이 춤을 추고 소무가 연물을 두드리는 관계는 춤이 소리를 따라잡는 듯, 소리가 춤을 따라잡는 듯, 춤과 소리가 일체가 되는 관계다. 한 배에서 난 형제처럼 춤과 소리가 하나가 되어야 신들린 경지, 신명의 경지가 된다. 이것을 '팔자동관 유학형제 법'이라 한다. 즉 무조신과 악기의 신 모두 팔자를 그르쳐 굿을 했고, 굿을 하기 위하여 '한 배 형제'가 되는 의식을 행하여 의형제를 맺었다.

신화에 의하면, 젯부기 삼형제는 알고 보면, 아버지도 없고 어머니도 없는 고아나 다름이 없었다. 그러나 아버지의 가르침에 따라 하늘 삼천천제석궁에 갇힌 어머니를 구하려고 하늘나라로 가는 도중 서강베포 땅 어주에삼녹거리에 이르렀다. 거기에는 너사무너 도령 삼형제가 하염없이 울고 있었다. "너희들은 어떤 아이인데 그리 슬피 우느냐?" 하니까, "우리는 부모도 없고 조상도 모르며, 일가친척도 없어, 갈 데도 올 데도 없으니, 비새같이 울고 있습니다." 하였다. 그때 젯부기 삼형제가 "우리와 똑같은 신세로구나. 그렇다면 우리 의형제를 맺는 형제법이나 마련하자." 하여 여섯이 모두 어머니가 남긴 물명주 단속옷 속에 왼쪽 가랑이로 들어가 오른쪽으로 가랑이로 나오는 의식을 행하였다. 그리하여 무조신과 악기의 신은 모두 팔자를 그르쳐 굿을 했고, 굿을 하기 위하여 '한 배 형제'가 되는 의식을 행하여 의형제를 맺었다.

이들 육형제는 황금산에 올라가서 황금산에서 삼천기덕三千旗德 일만제기一萬祭器를 다 가지고 서강베포 땅에 내려와 신전神殿집을 지었다. 이 신전집이 '이승 삼하늘', 무당서 삼천 권을 보관하고 있는 신당이며, 어머니를 당주堂主로 모시고 너사무너 도령이 악기를 지키고 있는 최초의 굿청이다. 오늘날 심방의 집에 모신 당주상은 신전집의 축소형이다. 그들은 탱자나무(펭즈낭), 유자나무(유즈낭), 팽나무(신폭낭)를 베어다가 초간주初間柱, 이간주二間柱, 삼간주三間柱를 세워서 바람과 습기를 막고, 육고비 동심결(의형제의 징표)을 맺었다. 그리하여 젯부기 삼형제는 춤을 추고, 너사무너 도령은 천지를 감동케 하는 소리를 울려 굿을 하였다. 그들은 하늘과 땅을 갑가르는 춤을 추었고, 정성을 다하여 외로운 신세를 한탄이라도 하듯이 악기의 소리를 '비새같이' 내고 울어 지극한 정성으로 하늘을 감동시키는 굿을 두 이레 열나흘 동안 하여 어머니를 살려내었던 것이다.

큰굿은 두 이레 열나흘 삼천천제석궁에 북을 울리는 것이며, 삼천천제석궁에 갇힌 어머니를 구했던 데서 비롯되었다. 젯부기 삼형제는 너사무너 도령에게 "너희들 여기 있으면, 먹여 살릴 사람이 올 테니 여기서 기다리라." 하였다. 기다리면 나타나서 어머니 자주명왕 아기씨와 악기의 신 너사무너 도령, 즉 당주와 소무를 먹여 살릴 사람이 누구냐 하면, 바로 최초의 심방이 된 유씨 대선생, 유정승 따님이었던 것이다.

무조 삼형제는 "어머님은 이승 삼하늘에 살고 계십시오." 하고, 하늘로 올라갔다. 서광베포 땅 어주애삼녹거리에 큰 신전집을 지어 어머니를 모시고, 어머니는 '이승 삼하늘'을 차지하게 하였다. 북 · 장고 등은 너사무너 도령에게 지키게 하였으므로, 그때부터 너사무너 도령 삼형제는 악기의 신이 되었다.

이와 같이 어머니를 구하고 양반의 원수를 갚기 위하여, 무조 삼형제는 천문 · 상잔 · 신칼과 같은 무점구와 북 · 장고와 같은 무악기를 만들고 굿하는 법을 마련하였고, 하늘에 올라가 저승 삼시왕을 차지한 신이 되었다.

8° 최초의 심방 유씨 대선생

아이가 심방이 되면, 미래를 예견하는 능력, 점치는 능력을 지니게 된다. 그러면 '신안神眼'을 얻었다고 한다. 젯부기 삼형제는 서강베포땅 어주애삼녹거리 '이승 삼하늘'에 신전집을 지어 악기의 신 너사무너 도령에게 악기와 무구들을 관리하며 어머니를 보살피라 하고 '저승 삼시왕'으로 올라갔다. 삼시왕은 젯부기 삼형제를 일컫기도 하며, 삼형제가 올라간 저승, 즉 '심방이 죽어서 가는 저승 삼시왕'으로 삼천천제석궁을 뜻하기도 한다. 인간이 죽어서 가는 저승인 시왕과는 다르다.

삼시왕에 올라가다 보니, 어머니를 죽인 양반 삼천 선비 중 한 사람인 유정승의 딸이 길가에서 놀고 있었다. 삼시왕은 유정승의 딸이 육간제비를 줍게 하여 전생 팔자를 그르치게 하고 하늘로 올라가 버렸던 것이다. 육간제비는 무점구로, 무점구를 인간에게 주었다는 것은 심방이 되어 팔자를 그르치라는 신의 소명이 내린 것이었다.

신의 소명이 내리게 되면, 그때부터 앞일을 예견하는 능력, 신의 뜻을 점지하는 능력, 신안을 얻을 때까지는 끝없는 시련을 겪게 된다. 이때 몸이 아파 죽었다 살아났다 혼절하며 겪는 시련을 무병巫病이라 한다. 육간제비를 주운 유정승의 딸은 일곱 살에 눈이 멀었다 열일곱 살에 눈이 뜨고, 스물일곱에는 또 눈이 멀었다가 서른일곱에 눈을 뜨고 하다가, 예순일곱에 드디어 눈은 멀었으나 미래를 예견하는 신안을 얻게 되었다. 그리고 어주애삼녹거리 자부장자 집에 다 죽어 가는 아기가 있어서 굿을 하면 아기를 살릴 수 있다는 걸 예언을 했고, "굿을 해서 아기를 살려달라."는 부탁을 받았다. 그러나 앞이 캄캄했다. 굿하는 법을 몰랐기 때문이다. 굿을 하다 굿법을 몰랐기 때문에 수레법망에 잡혀버렸다. 수레법망에 잡혔다는 것은 심방이 굿을 제대로 하지 못해 저승법망에 걸렸다는 뜻이며, 심방 유정승 따님아기조차도 사경을 헤매게 되었다.

굿을 할 때 시왕맞이 때가 되면 심방은 인간을 살리기 위하여 저승에 다녀온다. 심방이 죽었다 살아나는 것은 심방이 저승에 갔다 오는 것이며, 이는 사경을 헤매는 인간을 '저승법망' 또는 '수레(멸망악심)법망'으로부터 풀어내는 것과 같다. 신화에 의하면, 유정승 따님아기는 굿을 하다 혼절하여 서강베포 땅 신전집에 가 엎드려 절을 하니, 저승 삼시왕이 하늘에서 보고 신전집을 지키는 너사무너 도령에게 하는 말이, "저기 엎드려 있는 자는 어떤 신녀냐?" 하니까, 너사무너 도령 삼형제가 가서 "어떤 어른입니까?" 하고 물으니, "난 유정승 따님아기인데, 일곱 살에 육간제비를 주워 눈이 머는 병을 얻고, 예순일곱이 된 나이에 처음으로 굿을 하게 되었는데 굿법을 몰라 수레법망에 잡혀 이리 되었습니다." 하였다.

삼시왕은 유정승 따님아기가 굿을 하며 얼마나 역가役價를 올렸는지 그녀의 정성을 저울에 달아 보았다. 역가란 심방이 자격을 얻어 굿을 하게 되었을 때 그 고마움의 대가로 신에게 바치는 공연예물供宴禮物을 뜻한다. 그러나 유정승의 딸이 바친 정성은 백 근이 못 찼다. 정성이 부족했다. 그로부터 심방이 되어 유씨 부인이라 부르게 된 유정승 따님아기는 젯부기 삼형제 초공의 어머니 자주명왕 아기씨의 궁전 '이승 삼하늘' 신전집에서 도를 닦았다. 삼시왕은 하루에 한 권씩 무당서 삼천 권을 읽으라 했다. 삼천 일, 10년이 지나 일흔일곱이 되어 굿법 공부를 마치는 날, 삼시왕에서 약밥약술[藥飯藥酒]을 먹여 심방이 되는 의식을 행하였고, 젯부기 삼형제는 유정승 따님아기에게 어인타인御印打印을 찍어 심방의 자격을 얻었음을 인정해 주면서, 무당서 삼천 권과 무구 삼천기덕 · 일만제기 · 궁전궁납을 내어 주었다.

유정승의 딸, 최초의 심방 유씨 대선생은 돌아와 굿을 하여 자부장자의 딸을 살려냈다. 유정승의 딸이 받은 무당서 삼천 권은 굿법을 기록한 책이며, 지금도 심방들은 무당서 삼천 권의 굿법에 따라 '차례차례 재 차례 굿'을 한다. 양반의 딸로 신의 소명에 의해 팔자를 그르친 최초의 심방 선생은 유씨 부인이다. 그로부터 유씨 부인의 굿법을 계승하며 이어온 것이 제주도의 굿이다. '팔자를 그르친다'는 말에는 어머니의 원수를 갚기 위해 과거를 포기한 젯부기 삼형제와 양반의 딸로 태어났으면서도 '신의 길'을 가기 위해 팔자를 그르친 유씨 부인의 한을 표현하는 말이다.

유정승의 딸이 예순일곱에 신안을 얻고 도를 닦아 굿법을 전수한 삼천 일은 무당서 삼천 권의 굿법을 전수한 기간이다. 이는 저승 세계의 열흘에 해당하며, 심방이 저승 갔다 온 열흘, 시왕맞이굿을 하는 10년이었다. 유씨 부인은 자복장자집 시왕맞이굿을 하는 열흘 동안 어머니의 궁이 있는 '이승 삼하늘' 신전집에 10년 동안 굿법을 전수하였으며, 이 기간은 저승에 갔다 온 열흘, 시왕맞이 굿을 했던 열흘에 해당한다. 인간의 나이로 예순일곱에 신안을 얻은 유씨 부인이 일흔일곱의 나이에 최초의 심방이 되었다는 것은 저승 열흘 동안 굿을 익혀 돌아와 자복장자집에서 처음으로 굿을 하게 되었다는 것이다. 10년 공부한 굿법으로 정성을 다해 열흘 동안 굿을 하여 사람을 살렸다는 것이다. 그때부터 인간 세계의 10년은 저승의 열흘이란 역법이 생겨났다.

9° 새 심방이 처음 맡아 하는 굿, 예개마을굿

최초의 심방 유씨 부인은 당베, 절베, 신베를 매어 신들 앞에서 이 세상의 맨 처음 굿을 했다. 이 굿을 '예개마을굿'이라 한다. 무당서 삼천 권을 읽어 굿법 공부를 마치는 날, 무조巫祖 삼시왕은 신에게 바친 역가役價, 저승에 가서 열흘 동안 배워 온 정성, '이승 10년 공부'를 대추나무 은저울로 재어보았다. 그만하면 백 근이 넉넉했다. 약밥약술을 먹여 심방이 되는 의식을 행하고, 하늘이 내리는 어인타인을 찍어 심방의 자격을 인정해 주었다. 삼시왕은 무당서 삼천 권과 삼천기덕, 일만제기, 궁전궁납을 내어주었다. 심방이 되어 팔자를 그르치게 되었으니, 굿을 하는 데 필요한 모든 것을 다 내어주라고 한 것이다. 실제로 심방집에서 굿을 할 때, 소무는 신굿을 하는 심방에게 삼시왕의 명령대로 최초의 심방에게 내리던 무구를 다 내어주는데, 삼시왕이 내어준 무구를 가지고 굿을 하는 절차를 밟는 것이 제주도의 신굿 당주맞이라 한다.

삼시왕은 굿에 필요한 모든 무구를 내어주라 명한다. "무구를 싸서 다니는 파란 안채포布 내어줘라, 북도 징도 설쉐도 소리 좋던 삼동맥이 살장고도 내어줘라. 천문天門, 산판算盤, 신칼도 내어줘라." 하면, 소무는 무구와 무악기를 계속 내어준다. "무점구를 싸는 호롬줌치 득보잘리(자루) 내어줘라." 하면, 차근차근 내어준다. 그다음에는 굿할 때 입는 옷 홍포관대紅袍冠帶, 남수화주藍水禾紬와 적쾌자赤快子도 내어줘라. 녹의홍상 연반물 치마 진녹색 저고리도 내어줘라. 백농白綾 버선도 내어줘라. 초공 '무조신'과 맺은 인연의 줄인 초공 신줄, 이공 주화신呪花神과 맺은 인연의 줄인 이공 연줄, 삼공 전상신과 맺은 업보의 줄로 인간의 직업과 숙명을 관장하는 인연의 줄인 삼공 전상줄도 내어줘라. 당베[堂布]여, 절베[寺布]여, 매인 공서 아산 신베[神布] 삼시왕에 팔만금사진 베도 내어줘라. 이렇게 모든 베를 내어주라는 말을 한 다음, "송낙(고깔), 장삼, 갓[冠]도 내어줘라. 영기令旗와 명기命旗도 내어줘라." 이리하여 새 심방이 소무에게 무구 일체를 다 받게 되면, 심방은 굿을 할 복장을 차리게 된다.

심방은 행장을 차려 옷 입고 베[緣布] 매고 나선다. 심방이 되면 신줄, 연줄이라는 인연의 줄을 몸에 맨다. 이 줄은 마을의 신당과 인연을 맺은 줄인 '당베', 부처와 인연을 맺은 줄인 '절베', 심방이 되어 무조신과 인연을 맺은 줄인 '아산 신베'다. 심방의 자격을 얻고 최초의 굿을 할 때, 심방은 신 앞에서 울면서 신과 인연을 맺고 굿을 하게 되었다며, "당베, 절베 매었수다. 아산 신베 매었수다." 이르고 삼시왕 앞에서 '니나난니 니나난니' 하며 춤을 춘다. '니나난니 난니야' 하는 노래는 제주도의 큰굿 풍류놀이에서 부르는 노래로, 이 풍류놀이는 맞이굿의 초감제 때, 신을 오리 밖까지 가서 맞이하여 모셔오는 '오리정 신청궤'의 막판에 모든 신들과 삼시왕의 이승 행차에 안내를 맡은 감상관(=본향당신)과 각 고을의 당신이 모인 자리에서 신들을 즐겁게 하는 놀이다. 이때 심방이 '니나난니 난니야'를 부르며 춤을 추면, 구경꾼들도 함께 춘다. 그러므로 '풍류놀이'는 심방이 삼시왕 앞에서 심방이 되었음을 보이고, 신을 즐겁게 했던 춤이다.

옛날에는 새 심방이 나려면 신굿 '당주맞이'를 하여, 우선 '니나난니'로 춤을 추게 하였다. 그래서 이만하면 신의 몸가짐을 갖추었다 생각되면, 신들은 "예개마을굿을 잘 논다." 하고 심방의 자격을 인정한다. 그러면 "북을 울려 신전집 대축제로 놀아보자." 하며, 새 심방은 감상기와 신칼 잡고 춤을 추어 신나게 놀다 쓰러진다. 그때는 심방이 나서서 연유를 닦아 가지고 당당하게 삼시왕께 예를 바친 심방이 "오늘 어인타인을 맞고 약밥약술 먹었으니, 당당한 '신의 성방[刑房]'이 될 수가 있겠습니까." 하고 묻는 '쇠놀림굿'을 한다. 쇠놀림굿은 신칼점, 산판점 등 굿에 참여한 모든 심방들의 무점구를 가지고 한꺼번에 던져 점을 치는 굿이다. "점괘가 이만하면 심방이 될 수 있다고 모든 것을 신에게 허락받은 심방이 되었습니다." 하면, '신전에 타고난 몸', 즉 심방이 될 운명이라서 굿을 가야 한다고, 저 아랫녘 자복장자네 집의 굿을 가야 한다고, 소지燒紙 꺾어 놓았으니, 이젠 소무들 품삯을 주고 사람을 쓰라는 말을 한다. 천문과 상잔을 관리하는 신인 천문 선생 덕환이, 상잔 선생 덕진이, 신칼과 요령을 관리하는 신인 신칼 선생 시왕대번지, 요령 선생인 황글저대, 북·장고·대양(징)·설쉐 등 악기를 관리하는 신인 북 선생 조막손이, 장고 선생인 명철광대, 대양(징) 선생인 와랭이, 설쉐 선생인 느저왕나저왕, 제물을 관리하는 신들인 보답선생, 밥선생, 국선생, 기메 · 전지를 관리하는 신인 기메 선생, 놀메 선생, 당반 선생을 전부 빌었다. 여기서 선생이란 신이라기보다 굿에 필요한 무구 · 무악기를 다루는 소무, 음식 제물을 차리는 소무, 기매 전지를 만들며 잔심부름하는 소무들을 이르는 말이다.

유정승 따님아기는 신들이 주는 무구 · 무복 · 무악기를 받고 신들 앞에서 새 심방이 되어 신에게 보이는 '예개마을굿'을 하였고, 이 굿을 보고 삼시왕은 그만하면 자복장자집 굿을 해도 좋다는 허락을 내렸다. 마침내 유씨 부인은 여러 소무들을 빌어 자복장자집을 찾아가 아이를 살리는 최초의 굿을 하였다. 그리고 이러한 과정을 실제로 보여주는 것이 심방이 되는 입무의례入巫儀禮로서 제주도의 신굿 '당주맞이'다.

10 심방집 큰굿 당주맞이의 신물찾기 곱은멩두

제주도의 무당은 심방이다. 무업에 종사하는 제주 사람들은 신역神役을 천시하는 듯한 '무당'이란 말보다 자신은 '신의 아이' 또는 '신의 성방[刑房]'이기 때문에, 신의 일을 대신하기 위하여 팔자를 그르쳐 '신의 덕에 입고, 자고, 먹고, 행동'하는 신방神房으로서 신에 의지하여 대를 이어 살아온 세습무라는 의미를 지닌 '심방'이라 생각한다. 심방은 적어도 조상으로 모시는 명두[明刀] 한 벌을 스승으로부터 물려받아 지니고 있으며, 그 '명두물림'이란 의식에 의해 물려받은 명두가 영험 있고 족보 있는 '조상'이어야 심방으로서 추앙을 받는다.

명두는 무조신 '젯부기 삼형제'의 이름이 '본명두', '신명두', '삼명두'이기 때문에 심방이 조상으로 모시는 신이며, '본명두는 요령', '신명두는 신칼', '삼명두는 산판'으로 무구인 '요령', '신칼', '산판'을 가리킨다. 동시에 명두는 실제로 심방이 집안에서 조상으로 당주상에 모시고 있는 당주이며 몸주이다. 명두는 또 무조신의 영험이 담겨 있는 증거물로서 '본메'라 한다.

새 심방은 스승의 수양딸이나 양자가 되어 부모자식의 관계를 맺어 대를 잇고, 팔자동관 유학형제의 관계를 맺어, 부모와 같은 옛 선생, 옛 조상을 모시고 그들의 무업을 세습하게 된 심방의 가계에 편입된다. 그리 되면 대대로 내려오는 명두 한 벌을 물려받거나 그 명두를 본떠서 새로 만들어 대를 이을 자식에게 물려주게 되는데, 이러한 의식을 명두물림이라 한다. 명두를 물려받아 심방 되어 굿을 하여 벌어먹다가 일정한 시간이 지나면 신굿을 하게 된다.

신굿은 심방집에서 하는 큰굿인데, 사가에서 이레 동안 하는 큰굿 사탕클굿[四祭棚祭]에, 「초공 본풀이」를 굿본으로 하여 신의 질서를 바로잡고 심방으로 거듭 나게 하는 삼시왕맞이 또는 당주맞이라고 하는 큰굿이 결합되어 보름 이상 계속되는, 굿 중에서 가장 큰 굿이다. 신굿은, 심방이 되어 굿을 하여 벌어먹은 역가役價를 신에게 바치는 역례役禮이며, 심방이 신에게 비로소 심방으로 인정받는 입사식이다. 그리고 명두 조상을 얻어 새로 난 심방은 신굿을 행함으로써, 하신충으로, 또는 하신충에서 중신충으로, 또는 중신충에서 상신충이 되어 큰심방으로 공인받는 기회를 얻게 된다.

신굿에는 심방이 되는 과정에 치러야 할 중요한 굿들이 있는데 공시풀이, 약밥약술, 어인타인, 예개마을굿, 당주질치기, 고분멩두, 쇠놀림굿 등이다. 공시풀이는 명두의 내력, 유씨 부인으로부터 비롯한 굿법을 어느 스승으로부터 이어받아 계승하게 되었는지를 따지는, 옛 선생들의 계보를 밝히는 것이다. 즉 공싯상에 놓인 본주 심방이 지니고 다니는 명두의 내력을 풀이하는 것이다. 심방이 될 사람이 신굿을 하여 삼시왕에게 역가를 올리고, 신으로부터 그 정성을 인정받으면, 삼시왕이 내려주는 신약인 약밥약술을 타 먹고, 하늘에서 심방의 자격이 있다고 찍어주는 도장 어인을 등에 맞게 되며, 신으로부터 무당서 삼천 권과 무구와 무악기를 받아, 소무를 데리고 가 예개마을굿을 한다. 그때야 비로소 신의 덕에 먹고, 입고, 잘 수 있는 자격을 얻게 되는 것이다. 이리하여 신의 은공으로 먹고 살게 되었기 때문에 신에게 역가를 바치는 초역례를 행하게 되며, 초역례를 바친 심방은 하신충이 되고, 다시 이역례를 바치면 중신충, 삼역례를 바치면 상신충이 되어가는 것이다.

신굿은 말하자면 신에게 벌어먹은 역가를 바치는 동시에 큰심방들로부터 평소에 배우지 못한 굿법을 전수하는 것이다. 이를 '신길을 바로잡는다'고 한다. 신굿 당주맞이를 '삼시왕맞이'라고 하는 것은 심방이 죽어서 가는 삼시왕의 길을 치어 닦아 심방의 영혼을 삼시왕으로 보내는 절차이기 때문이다. 그러므로 처음에 거칠고 험한 길을 닦아가는 '질치기'의 과정은 시왕맞이의 '질치기'와 같으나, 그 이후의 과정은 「초공 본풀이」에 입각하여, 삼시왕으로 가는 과정, 즉 심방이 되는 과정을 보여주는 것이다. 이 삼시왕 길을 바르게 닦아 가는 과정이 '신길을 바르게 하는 것'이며, 당주가 「초공 본풀이」의 굿법에 따라 신길을 닦아가는 과정이다.

신굿 '당주연맞이'에는 당클 속에 본주 심방의 멩두[明刀]를 숨겨두고, 문점하고 굿을 하면서, 어렵게 명두를 찾는 방법을 공론하고, 간신히 명도를 찾아 본주에게 내어주는 의식이 있다. 이를 '곱은멩두'라 한다. 마치 주몽 신화에서 유리왕이 부러진 칼을 찾는 '신물 찾기'와 같다.

곱은멩두질의 '곱은'은 '숨은'의 뜻이므로, 곱은멩두는 일종의 '신물 찾기'다. 심방은 「초공 본풀이」를 창해 나가다가, 명도明刀와 관련된 부분이 나오면, "연양당주 삼시왕길도 바르게 하자."라고 하며, 그 명도를 "시왕전에도 올리자."고 하며, 안팎으로 춤을 추며 신길을 쳐 나간다. 그러면 명도는 '시왕당클'에 숨겨지고, 심방은 소무와 함께 수수께끼 문답으로 잃어버린 명도를 그려 나가고, 결국은 잃어버린 명도가 무엇인가를 알아낸다.

신굿 당주맞이의 마지막에는 신길이 바로잡혔는가를 점치는 종합적인 명두점으로 '쇠놀림굿'이 있다. 쇠놀림굿은 굿에 참여한 수심방과 소무들의 명두(밧공시의 명두)와 본주와 본주 집안의 명두(안공시의 명두) 전부를 던져서 점을 치고, 그 명두가 놓인 자리를 보고 신길이 바르게 잡혔는가를 점치는 것이다. 이리하여 조상으로부터 물려받은 명두를 지닌 새 심방은 신굿을 하여 역례를 바침으로써 신길을 바로 잡아주는 수심방과 소무들의 명두의 질서 속에 편입됨으로써 새로운 심방으로 인정을 받게 된다.

제4부

이공 본풀이

1° 꽃풀이를 통한 삶과 죽음의 내력

「이공 본풀이」는 주화신呪花神 이공二公의 본풀이다. 이공은 하늘나라 서천꽃밭에 핀 온갖 주력呪力을 지닌 꽃들을 지키는 신으로 꽃감관[花監官] · 꽃성인[花聖人]이라 한다. 그러므로 심방은 꽃의 신화 「이공 본풀이」를 풀고, 본풀이를 근거로 초공맞이, 이공맞이, 불도맞이 등의 굿을 하여, 서천꽃밭으로 가는 꽃길을 닦고, 저승 서천꽃밭에 가서 목숨을 살려내는 생명꽃, 자손을 번성케 하는 번성꽃, 죽은 사람을 살려내는 환생꽃을 따다가 환자를 죽음에서 건져내는 것이다.

「이공 본풀이」는 주화신 꽃감관의 내력담이며, 생명의 원리로서 '꽃의 뿌리[本]이며, 꽃의 풀이[解]'라는 의미를 지닌다. 심방이 굿을 하여 서천꽃밭의 생명의 주화를 따다 굿을 하는 집안의 인간을 살려내는 무의巫醫의 역할을 한다. 「이공 본풀이」에 의하면, 옛날 김진국과 임진국이 한 마을에 살았다. 김진국은 가난했고 임진국은 천하 거부로 잘 살았다. 두 집안은 자식이 없어 동개남[東觀音] 은중절[寺]에 들어가 백일 불공을 드려 김진국은 아들을 낳았고, 임진국은 딸을 낳았다. 이름을 '사라 도령'과 '원강아미'라 지었다.

김진국과 임진국은 사돈을 맺어 어린 사라 도령과 원강아미를 구덕혼사를 시켰다. '구덕혼사'란 구덕에 눕혀 흔들던 아기 때 부모끼리 사돈을 맺어 혼인을 시키는 것이다. 원강아미는 스무 살에 임신을 하였는데, 사라 도령에게 서천꽃밭 꽃감관 직을 수행하라는 옥황상제의 전갈이 내려왔다. 부부는 함께 서천꽃밭을 향해 출발했다. 서천꽃밭으로 가는 길은 멀고 험난했다. 원강아미는 아이를 밴 몸으로 더 이상 걸을 수가 없었다. 부근에 제인장자라는 천하 거부가 살고 있었다. 원강아미는 사라 도령에게 더 이상 걸을 수 없으니, 제인장자 집에 자기를 종으로 팔아두고 가면 기다리겠다고 했다.

어머니는 삼백 냥, 뱃속의 아이는 백 냥에 팔고 이별을 하면서, 사라 도령은 아들을 낳으면 '신산만산 할락궁이', 딸을 낳으면 '할락댁이'라 이름을 지으라 하고, 얼레빗을 반으로 꺾어 부인에게 증거물로 주고 서천꽃밭으로 떠났다. 그날부터 원강아미의 종살이가 시작되었고, 제인장자는 계속 원강아미의 몸을 요구하였다. 원강아미는 그때마다 핑계를 대어 위기를 모면하였다. 원강아미는 아이를 낳아 신산만산 할락궁이라 이름을 지었다. 모자는 온갖 고초를 다 겪어야 했다.

세월은 흘러 할락궁이도 열다섯 살이 되었다. 어느 날 할락궁이가 아버지에 대해 캐묻자, 어머니는 아버지가 주고 간 얼레빗을 넘겨준다. 할락궁이는 메밀 범벅 세 덩이를 가지고 어머니와 작별하고 아버지를 찾아 서천꽃밭을 향해 길을 떠났다. 할락궁이가 집을 나서자, 제인장자 집에 기르는 날쌘 개 천리둥이 쫓아온다. 범벅 한 덩이를 주고 그것을 먹는 새에 천 리를 달렸다. 뒤따라 만리둥이가 쫓아온다. 범벅 한 덩이를 던져주고 그 사이에 만 리를 뛰어가고, 또 한 덩이를 내던져 먹는 사이 수만 리를 지나갔다.

무릎에 차는 물, 잔등에 차는 물, 목까지 차는 물을 건너가자 서천꽃밭이 나타났다. 서천꽃밭 입구에는 수양버들이 있었고, 그 밑에 맑은 연못이 있었다. 서천꽃밭 선녀들이 물을 길러 연못으로 오고 있었다. 할락궁이가 손가락을 깨물어 붉은 피 두어 방울을 떨어뜨리자 연못은 부정이 타서 순식간에 말라 버렸다. 어떤 총각이 조화를 부리니 물이 말랐다고 궁녀들은 꽃감관에게 보고하였다. 그래서 할락궁이는 꽃감관을 만나게 되었다. 할락궁이는 본메본장(증거물)으로 얼레빗을 꺼내 꽃감관에게 보이자 꽃감관은 자신이 지닌 반쪽 얼레빗과 맞춰보고 아들이 찾아온 것을 알았다. 그리고 할락궁이가 올 때 건너던 무릎에 차는 물, 잔등에 차는 물, 목까지 차는 물은 어머니가 제인장자에게 초대김, 이대김, 삼대김, 세 번 고문당하던 물임을 일러준다. 그때야 할락궁이는 어머니가 제인장자에게 죽임을 당한 사실을 알게 된다.

아버지는 할락궁이를 서천꽃밭으로 데려갔다. 꽃밭에는 사람을 죽여 멸망시키는 수레멜망악심꽃, 죽은 사람을 다시 살려내는 환생꽃, 앙천 웃음이 터지게 하는 웃음웃을꽃이 있었다. 아버지는 하나하나 꽃들에 대해 설명해 주면서, 돌아가 원수를 갚고 어머니를 살리라고 일러준다. 할락궁이는 아버지와 이별하고 집으로 내려왔다. 제인장자는 할락궁이를 죽이려 하였다. 할락궁이는 제인장자의 일가친척을 불러모아 웃음꽃을 뿌려 웃음판을 벌이고, 싸움싸울꽃을 뿌려 패싸움이 벌어지게 한 뒤, 수레멜망악심꽃을 뿌려 일가 친족을 모조리 죽였다. 작은 딸 하나만 살려서 어머님을 죽여 던져 버린 곳을 가리키게 하였다.

어머니는 머리는 끊어 청대밭에, 잔등이는 흑대밭에, 무릎은 띠밭에 던져 놓아 뼈만 살그랑하게 남아 있었다. 뼈를 모아 환생꽃을 뿌리니, "아이고 봄잠 오래도 잤다." 하며 어머니가 살아났다. 그때 원강아미를 대밭 · 띠밭에 죽여 던졌던 법으로, 굿을 할 때, 대 한 줌, 띠 한 줌을 두 손에 들어 이를 사악한 재해를 주는 수레멜망악심꽃이라 한다. 할락궁이는 어머니를 모셔 서천꽃밭에 들어가 아버지의 뒤를 이어 꽃의 신, 꽃감관, 꽃성인이 되었다.

2° 어머니 원강아미의 죽음을 상징하는 이공·전상떡 고리동반

'고리동반'은 무엇인가. '고리동반'은 큰굿에 중요하게 쓰이는 떡이며, 주화신 신화 「이공 본풀이」에서 이공신 할락궁이의 어머니 원강아미의 죽음을 상징하는 신화 상징물로 기메전지의 하나라고 할 수 있다. 또 부정과 병病, 전상(ᄉ록)을 내쫓는 주술 상관물로써 '전상떡'이라고도 한다. '고리동반'은 제주 굿의 토대가 되는 신화의 세 뿌리인 '신神 뿌리' '꽃 뿌리' '전상 뿌리' 중 '꽃 뿌리'인 주화신 꽃감관의 신화 「이공 본풀이」와 '전상(전생의 업보) 뿌리'가 되는 「삼공 본풀이」의 신화 내용으로 이루어진 '전상'을 쫓는 굿, 아직 참석하지 못한 신들을 다시 청신하는 제오상계의 '용놀이(갈룡머리)'의 굿법으로 만들어진 주술적인 떡이며, 굿에 없어선 안 될 떡이다.

'고리동반'은 쌀로 만든 방울 모양의 방울떡 일곱 개와 넓은 방석떡 한 개, 댓섭[생죽]으로 엮어 이를 '고리동반너울지'라 하는 백지로 싸고, 위쪽 한가운데서 마감하여 중앙에 동백꽃을 꽂은 형태로 구성돼 있다. 고리동반의 신화 상징은 「이공 본풀이」에 의해 이루어졌으며, 주술 상징은 용놀이와 전상놀이라는 놀이굿의 중요한 테마를 이루고 있다. 이와 같이 고리동반은 큰굿에서는 없어서는 안 될 이공떡이며 전상떡으로, 최고의 떡, 꽃, 지전이며 기메다. 제주 굿의 수수께끼와 굿판의 아름다움에 대한 해답은 고리동반의 의미를 종합적으로 관찰하고 통합하며 굿의 막판 공시풀이에서 고리동반이 해체되는 과정을 굿과 함께 이해하는 데서 찾을 수 있을 것이다.

고리동반은 신화와 굿에 없어선 안 될 것인데, 제물인지 기메전지인지 무엇으로 봐야 될지 막연합니다. 고리동반이란 한 마디로 말해서 '전상떡'도 되고 「이공 본풀이」에 의하면, 주화신 할락궁이의 어머니 원강아미와 관련된 떡이지요. 고리동반은 큰굿에 쓰는 떡입니다. 심방집 굿에는 안팎으로 해서 고리동반 네 개를 만들고, 또 일반 사가 집에 굿할 때는 안팎 고리동반 두 개를 만드는데, 안팎이란 천제석궁당클과 시왕당클을 말하는 거지요. 고리동반은 「이공 본풀이」에 보면, 재인장자가 원광아미를 뒤뜰 신돔박낭[동백나무] 아래 청대섭[푸른 댓닢]에 목을 매어 죽인 걸 상징하는 떡이지요.

고리동반을 만들 때 보면, 방석같이 넓은 떡이 있고, 방울떡이 일곱 개 들어갑니다. 방석은 어떠한 것을 의미하냐면 어머니가 그 자리에 앉아서 죽었기 때문에 그 자리의 흙을 파서 방석을 만들었다는 의미에서 고리동반의 방석떡을 만들었죠. 방울떡 일곱 개는 일반 사가집에 굿할 때도 안팎 일곱 개면 열네 갠데 낮 이레, 밤 이레 해서 두이레 열나흘 굿하는 날짜를 상징하여 방울떡이 열네 개 들어가는 거지요. 방울떡이 일곱 개인 것은 아기들의 번성을 의미하지요. 그래서 일곱 개씩 방울떡이 열네 개 들어가는 거고, 또 방울떡에다 댓닢을 꼽아서 빙빙 두른 것은 원광아미가 청대섭에 목을 걸어 죽었던 것을 의미하고, 고리동반 너울지는 원광아미가 앉은 채로 죽은 시신 위에 거미줄이 엉켜 막 덮어씌웠던 형체를 나타내지요. 어머니의 시신을 거미줄이 막 덮어버린 것을 상징하여 청너울로 싼 거지요. 그러니 거기 제일 위 꼭지에 보면, 동백나무를 가운데 찔렀는데, 동백나무로 가운데를 찌른 게 원래 형태지요. 왜 그러냐면 원광아미가 신돔박낭 아래 앉은 채 죽었기 때문에 신돔박낭 위로 꼽는 거지요.

또 큰굿의 제오상계에서 보면, 고리동반 떡을 들고서 '전상떡'이라 하며, 머리에 대었다가, 눈으로도 가져갔다, 코로 가져갔다 귀로 가져갔다, 온몸 다 부분마다 대고 "전상이여 만상이여" 하는데요, 이는 'ᄉᆞ록' 또는 '전상'을 밖으로 쫓는 거지요. 전상은 몸이나 마음의 병을 뜻하지요. 그러니 그 전상떡으로 해서 그 병을 내쫓는 거지요. 전상떡이니까. 제오상계 때에 들고 이것저것 하니까. 이 때문에 고리동반은 굿하는 데 제일 중요한 떡이지요. 떡 중에.

불도맞이, 일월맞이를 할 때는 고리동반은 사용하지 않지만 시왕맞이 굿이 들어갔다 하면 고리동반은 반드시 들어갑니다. 그러니 이 떡은 제물로만 상에 올리는 게 아니라, 그걸 가지고 쓰임새로 보면, 신화의 내용이 살리면서 떡이 갑자기 다른 소품이나 도구로 쓰이거나 역할이 있어 그때마다 떡에 신이 따라가는 겁니다. 신이 따라간다는 말은 신화의 내용이 굿을 만들어 나간다는 말이지요. 심방집의 굿할 때, 제오상계 때 보면, 안 시왕당클 고리동반이 바깥에 차린 시왕상으로도 가고, 바깥 시왕 고리동반이 안 시왕으로도 가고, 안 당주堂主로도 가고, 떡이 왔다 갔다 하는 거지요. 고리동반을 바꿀 때가 있거든요. 이때 신을 바꾸는 거지요. 그때는 고리동반이 신이 나 신화 내용과 관련해서 ᄉ록이다 전상떡이다 하는 거지요. 고리동반은 굿에서는 단순하게 제상에 올려 신들을 대접하는 제물이 아니라, 그걸 가지고 여러 가지 굿의 내용을 만들어가는 신의 역할도 하고, 부모 역할도 하고. 그러니 일반 사가집에 굿을 가거나, 심방집도 가고.

제일 끝마무리에 가서는 공시풀이를 하고 나면, 고리동반을 풀게 됩니다. 풀어가지고 그 청너울과 방석떡은 심방집에 가져가, 심방집 당주상에 올리고, 방울떡은 본주에게 줍니다. 왜 방울떡을 주느냐면 자식을 번성시켜 주시라 하는 거지요. 원광아미에게. 원강아미가 이젠 본주에다 떡을 주는 거지요. 떡을 줘서 치마를 이리 벌리면 거기 산판을 놓고서 자손을 많이 번성시켜 주라고 치마로 복을 담아 가는 거지요. 그 고리동반을 풀었을 때, 심방은 이런 사설을 합니다. "청너울도 풀어맞자. 백너울도 풀어맞자. 동도 치우자. 서도 치우자. 남도 치우자. 북도 치우자." 하여 사방으로 동서남북으로 치우자는 거지요. 치우고 나면, "우진제비를 돌아보니까, 밤밭에 밤이 열렸구나. 아들애기 동글동글 딸애기 동글동글." 이렇게 사설을 해나가지요. 자손들을 번성을 시켜달라는 기원의 말이지요. 그리하여 치마로 방울떡 일곱 개를 벌려 받고 산을 받고(점을 치고) 하지요.

— 2008년 1월 19일 10시. 칠머리당 영등굿 보존회 김윤수 회장과의 인터뷰.

고리동반을 만드는 과정을 보면, 「이공 본풀이」의 내용대로 어머니(원강아미)가 신돔박낭 아래서 청대섭에 목을 매어서 죽임을 당했기 때문에, 일곱 개의 방울떡을 뱅뱅 둘러 엮어 돔박낭(동백나무) 상가지에다 꼽는 것이다. 방울떡 일곱 개는 번성을 뜻하니 자손을 번성시켜 달라는 것이다. 일반 사가집에 사당클을 맸을 때, 고리동반은 역가상[보답상]에 올렸다가 역가상에서 역가 둘러매면, 시왕당클로 올라가고, 시왕당클로 올라가면 일단 끝이 나는데, 나중에 공시풀이를 할 때는 공싯상에 올리고 굿을 한다. 가령 안에서 처음 천제석궁당클 앞에 역가상을 놓고 '보세감상'을 한다거나 '초이공맞이'를 할 때는 역가상에 고리동반을 올렸다가 끝나면 고리동반은 안시왕당클로 한다. 그다음엔 또 본향으로 가고, 또 마을영신당클로도 가고, 왔다 갔다 한다. 고리동반이 시왕맞이 할 때는 밖으로 나오지만 시왕을 청하고 난 다음 역가 둘러매면 시왕당클로 올라가는 것이다.

시왕맞이가 끝났다 하면 공시풀이 때, 고리동반은 마지막 공시풀이를 끝으로 풀어서 너울지와 방석떡은 심방이 가지고 가 당주상에 올리고, 방울떡 안팎 일곱 방울은 본주에게 주면 안주인은 치마로 받아 간다. 갑방울떡은 자손을 번성시켜 주는 떡이기 때문이다.

3° 부처의 전생담, 안락국태자경과 이공 본풀이

꽃의 뿌리이자 꽃의 신화인 「이공 본풀이」는 아미타삼존의 탄생 내력을 서사화敍事化한 「안락국태자경」과 유사한 내용을 담고 있다. 「안락국태자경」에 의하면, 광유성인(석가성인)은 범마라국 임정사林淨寺에서 오백 제자를 거느리고 중생을 교화하고 있었다. 그리고 서천국 사라수 대왕은 사백 소국을 정법으로 다스리며 탐심을 버리고 선善을 닦아 무상도를 구하였다.

성인(석가)은 바라문 비구에게 명하여 사라수 대왕에게 가서 채녀婇女(절에서 심부름하는 여인)를 빌어와 찻물을 길을 수 있게 하라 하였다. 비구는 서천국에 가 왕궁 앞에서 지팡이를 흔드니, 많은 부인 가운데 원앙 부인이 나와 재미齋米를 바치려 하자 거절하고, 채녀를 시주해 달라 부탁하였다. 채녀들은 성인에게 와서 그의 명령에 따라 황금의 두레박으로 전단정栴檀井이란 우물에서 3년 동안 하루에 300번씩

물을 길어 무상도에 이르렀다.

성인은 또 비구에게 명하여 사라수 대왕을 유나維那(관직을 이름)로 맞이하고 싶다는 뜻을 전하라 하였다. 사라수 대왕은 성인의 말을 전해 듣고 기뻐하며 죽림을 향하여 떠났다. 원앙부인은 임신한 몸으로 대왕을 따라 나섰다. 광야에서 날이 저물자 원앙부인은 더 이상 걸을 수 없었다. 부인은 자신을 팔아 그 몸값을 부처님에게 올리기를 대왕에게 청하였다. 왕과 비구는 부인의 말을 따르기로 하고, 자현장자 집에 찾아가 계집종 사기를 청하니, 부인의 미모를 탐한 자현장자는 종의 몸값을 묻는다. 원앙부인은 자신의 몸값과 뱃속 아이의 몸값을 합쳐 금 사천 근을 요구하였다. 장자는 그 말에 따랐다. 그날 밤 장자의 집에서 잠을 청하며, 부인은 사라수 대왕에게 왕생게를 가르쳐주고 계속 외우며 선善 닦기를 부탁하였고, 대왕은 부인이 아들을 낳으면 '효자', 딸을 낳으면 '효양'이라 지으라 하였다.

대왕은 죽림에 도착하여 성인을 뵈었고, 전단정에서 물을 길으며 왕생게 외우기를 그치지 않았다. 그리고 부인은 장자의 집에서 종살이를 하며 아들 '안락국'을 낳았는데, 일곱 살이 되자 아버지가 누구인지를 묻는다. 아버지가 누구인지를 알게 되자 안락국은 장자의 집을 도망친다. 안락국은 장자의 집 사람들에게 붙들려 와 얼굴에다 글자를 새기고 거기에 물을 흘려 넣는 심한 고문을 당하지만, 다시 도망하여 아버지를 찾아갔다. 도중에 강물이 가로막고 있었다. 그때 갑자기 물 위에 떠오는 짚단 묶음을 타고 합장기도하며 왕생게를 외우니, 순풍이 불어 건너편 언덕[피안彼岸]에 닿을 수 있었다. 안락국은 여덟 채녀가 부르는 노래의 사연을 듣고 아버지를 만나게 되었다.

사라수 대왕은 안락국을 만나 왕생게를 외워 서로를 확인하고, 등정각等正覺을 이룬 후, 다시 만나자며 속히 돌아가 어머니를 구하라 하였다. 강을 건너 돌아와 장자의 집 근처에서 목동으로부터 어머니 원앙부인이 자현장자에게 죽임을 당해 보리수나무 아래 세 동강 나 버려졌음을 알게 되었다. 안락국은 어머니의 유골을 수습 순서대로 놓고 통곡하니 천둥이 쳤고, 서쪽을 향해 합장 축원하니 극락세계에서 48용선이 진여眞如의 바다에 떠와, 용선을 타고 온 여러 보살들이 어머니는 이미 극락 세계에 태어나 등정각을 이루셨다 하며 안락국을 극락 세계로 데려갔다. 여기에 나오는 광유성인은 석가모니 부처요, 사라수 대왕은 아미타부처, 원앙부인은 관세음보살이며, 안락국 태자는 대세지 보살의 전생이라 한다.

「이공 본풀이」에는 경전의 사라수 대왕은 '사라 도령', 원앙부인은 '원강아미' 그리고 그들 사이에 태어난 안락국 태자는 '신산만산 할락궁이'로 등장한다. 경전이 석가모니 부처의 전생담을 그리고 있다면, 제주도 무속 신화 「이공 본풀이」는 서천꽃밭에 가서 인간의 목숨을 살려내는 생명꽃, 자손을 번성케 하는 번성꽃, 죽은 사람 살려내는 환생꽃을 따다가 환자를 죽음에서 건져내기도 하고, 수레멜망악심꽃을 따다가 사람을 죽이고 멸망시키기도 한다.

본풀이의 서천꽃밭은 경전의 서천국 또는 안락국으로, 이곳은 서방정토이며 극락이다. 경전의 채녀는 본풀이에서는 서천꽃밭에 물을 주는 '신소미[神小巫]' 또는 '선녜[仙女]'이다. 성인이 사라대왕에 내린 유나란 관직은 본풀이에서는 서천꽃밭의 꽃을 지키는 주화신 꽃감관의 벼슬이며, 경전에 자현장자의 노비가 되어 고통을 당하는 원앙부인은 정토왕생의 원을 지닌 채 고난을 극복해 나가는 관세음보살이다.

본풀이의 머리는 청대밭에, 잔등이는 흑대밭에, 무릎은 띠밭에 던져 죽임을 당한 어머니를 살려내는 신산만산 할락궁이는 서천꽃밭에서 꽃을 따다가 뼈를 모아 환생꽃을 뿌려 어머니를 살려내고 있다. 「안락국 태자경」은 불교의 정토 사상과 관음 신앙이 토대가 되고 있으며, 「이공 본풀이」는 아미타삼존의 전생담을 토대로 한 불교 설화를 차용하여 큰굿의 세 개의 큰 뿌리가 되는 생명의 원리로써 '꽃의 뿌리'를 이루고 있다.

4. 서천꽃밭, 부정한 사람이 갈 수 없는 저승

꽃의 신화 「이공 본풀이」는 큰굿 속의 굿인 이공맞이, 아공이굿, 불도맞이의 굿본[臺本]이 될 뿐 아니라, 이공신인 할락궁이가 서천꽃밭에서 사람을 살리는 생명꽃 · 환생꽃 · 번성꽃을 따다가 어머니를 살려내고, 어머니를 죽인 제인장자 집안을 수레멸망악심꽃으로 멸망시키는 내력담을 통하여 꽃의 의미를 풀이하고 있다.

제주도 큰굿에서 꽃의 신화가 의미하는 것은 굿의 원리를 풀어내는 신풀이, 꽃풀이, 전상풀이 중 하나라는 점이다. 심방이 동백꽃을 들고 춤을 출 때, 동백꽃은 겨울 음지에 피는 질긴 생명을 지닌 단순한 꽃이 아니라, 생명 · 번성 · 환생을 상징한다. 그러므로 심방이 들고 있는 제주도의 동백꽃은 서천꽃밭의 꽃이란 의미를 지닌다.

「이공 본풀이」의 서천꽃밭은 저승의 하나이며, 온갖 주술이 작용하는 신비한 꽃들이 피어 있고, 꽃을 지키는 무섭고 두려운 꽃감관, 꽃

성인과 열다섯 살 이전에 죽은 아이와 젊어서 죽은 너무나도 착하고 불쌍한 처녀들이 신소미가 되어 꽃밭에 물을 주고 있는 곳이다. 신소미는 하늘나라의 소무小巫, 즉 선녀仙女를 말한다.

서천꽃밭은 아름다운 환상과 신비 그리고 무한한 가능성의 세계이며 제주 사람들이 '아름다움'으로 표현하는 칭원하고 불쌍한 서러운 정네[貞女]들이 죽어서 선녀가 되어 꽃밭에 물을 주어 생명의 꽃들을 키워내는 저승의 피안이다.

아마 서천꽃밭은 제주 사람들의 이여도라 할 수 있을 것이다. 서천꽃밭에 가서 환생꽃을 따다가 망자들을 살려내는 일이야말로 굿을 하여 맑고 공정한 저승법으로 억울한 죽음, 버려진 시신들을 거두어 "아이고, 봄잠 너무 오래도 잤다." 하며 되살아나는 도환생의 의미를 지닌다. 제주인에게 '서천꽃밭'은 불교의 정토 사상과 관음 신앙의 토대 위에 다시 세운 제주인의 낙원 '이여도'가 존재하고 있는 곳이다. 그러나 서천꽃밭은 모든 것을 가능하게 하는 저승이지만, 부정不淨한 사람이 드나들 수 없는 금단의 구역이다. 신이거나, 신을 대신할 수 있는 '신의 아이' 또는 '신의 형방'인 심방神房만이 갈 수 있는 곳이다.

서천꽃밭에서 쫓겨난 이야기로, 심방이 되려다 오빠에게 죽임을 당한 비극적인 「양씨아미 본풀이」가 있다. 이 본풀이에 의하면, 북제주군 조천읍 눌미[臥山里]에 '양씨아미'가 살았다. 얼굴 곱고, 소리 좋고 춤 잘 추는 아이라 소문이 자자했다. 양씨아미에겐 세 명의 오라비가 있었는데, 큰오라비는 강단이 세어 누이가 춤추고 노래하는 것을 못마땅하게 생각하여 미워했고, 아래 두 오라비는 양씨아미의 재주를 아까워하며 사랑했다.

일고여덟 살 때부터 양태청에 나가 심방 노래도 부르고, 친구들의 일을 미리 점쳐 예언하기도 했다. 그때마다 친구들은 "넌 소리도 잘하고, 점치는 재주도 있으니, 심방이 됐으면 좋겠다."고 했다. 양씨아미도 심방이 되어 노래도 부르고 춤도 추고 싶었다. 새벽에 몰래 물 길러 갔다가 어욱삥이(억새)를 뽑아 신칼 삼아 춤을 추고 노래도 불렀다. 열다섯에 어머님이 돌아가셨고, 의지가지 없는 양씨아미는 그 충격이 너무 컸다. 어머니 장례를 마치고, 와흘리 김씨 선생이 와 귀양풀이(굿)를 하고 돌아갈 때 그를 몰래 따라 나섰다.

"삼촌, 나도 심방질 배우쿠다." "아이구, 양씨아미 이거 어떵헌 일이우꽈? 큰오라비 알면 죽을 일이니, 어서 왔던 길로 돌아갑서." 하니 양씨아미는 미쳐서 정처 없이 헤매며 돌아다녔다. 작은오라비들이 동생을 겨우 찾아내었다. "아이구 설운 나 동생아, 어서 집에 가자. 네 소원所願을 들어주마." 달래어 집으로 데려왔다. 큰오라비는 양씨아미를 방안에 가두고 밖에서 잠가버렸다. 밥 한 끼 안 주고, 오뉴월 염천에 물 한 모금 아니 주었다. 그때마다 작은오라비들은 큰형 몰래 대접에 물을 떠다 창구멍을 뚫고 보릿대로 "설운 동생아, 이 물이나 빨아먹고 목이나 축이거라." 하며 물을 빨아 넣어주었다.

스물한 살 되던 해, 큰오라비는 도고리에 개를 삶아 큰마당에 내어놓고, 양씨아미의 머리채를 휘어잡고 질질 끌어다가 개장 국물을 억지로 먹이고 개 국물에 목욕을 시켰다. 죽어도 개 국물을 먹지 않으려 버둥대다가 양씨아미는 새파랗게 죽어갔다. 마음씨 착한 양씨아미는 죽어서 서천꽃밭에 갔다. 서천꽃밭에 들어가니, 신소미들이 나와 "아이구, 저 아이 얼굴도 곱다." 하며 손목을 잡고 서천꽃밭으로 인도

하여 은동이 놋동이 내어주며 꽃밭에 물을 주라 하였다. 어느 날 꽃감관 · 꽃성인이 꽃밭을 살피러 왔다. 양씨아미가 물을 준 꽃들은 다 시들어 검뉴울꽃(시들어 죽어가는 꽃)이 되어 있었다. 양씨아미를 불러 개 국물에 목욕을 했기 때문에 부정이 많다 하여 인간 세상으로 쫓아 버렸다.

양씨아미는 인간 세상에 돌아와 혼백은 있으나 몸체가 없어 이승도 못 가고 저승도 못 가 비새같이 울고 있었다. 그러다가 굿판을 찾아가는 고전적을 만나 따라가 그 집안의 조상이 되었다. 이와 같이 서천꽃밭은 마음씨 착한 처녀들이 죽어서 선녀로 태어나 꽃밭에 물을 주는 아름다운 낙원으로, 부정한 사람은 꽃을 키울 수 없는 저승이다.

5° 꽃 피우기, 이승과 저승을 나누는 신들의 경쟁

제주도 신화에서 보면, 무한한 능력을 가진 신들의 싸움은 크게 두 가지로 나타난다. 하나는 '수수께끼 싸움(수치젯기기)'이고 다른 하나는 '꽃 피우기 싸움'이다. 수수께끼 싸움이 지혜의 우열을 가리는 싸움이라면, 꽃 피우기 싸움은 저승과 이승을 갑가르는 싸움이다.

'꽃 피우기 싸움'은 서천꽃밭에 가서 꽃씨를 타다가 씨를 뿌리고 물을 준다. 씨를 뿌리고 물을 주는 행위는 하나의 인연을 쌓는 것이다. 선업善業을 쌓아 가지와 송이가 무한히 뻗어 번성꽃이 되어 이긴 자는 이승을 차지하고, 악업惡業을 쌓았기 때문에 꽃에 물은 주었지만 부정하여 '검뉴울꽃(이울어 가는 꽃)'이 되어 진 자는 저승을 차지한다. '꽃 피우기 시합'에서 꽃이 상징하는 것은 선업이든 악업이든 업을 쌓은 결과이다. 그것은 사람을 살리는 생명의 원리와 죽음에 이르는 병으로 나타난다. 그러나 꽃을 피우는 과정에서 하늘을 거스르는 일[逆天行]

이 생기기도 하며, 그 결과 세상의 일은 모순에 빠지게 되었다는 이야기가 있다.

「천지왕 본풀이」에서 보면, 하늘옥황의 천지왕은 마음씨 착한 큰아들 '대별왕'이 이승을 차지하여, 이 세상은 맑고 공정한 세상이 되고, 마음씨 나쁜 작은아들 '소별왕'이 저승(죽음의 세계)을 차지하여, 저 세상은 혼돈과 무질서의 어둠의 세상이 되기를 바랐다. 그런데 꽃이 뒤바뀐 사건이 벌어진다. '꽃 가꾸기 시합'에서 대별왕의 꽃은 번성꽃이 되고, 소별왕의 꽃은 검뉴울꽃이 되었지만, 소별왕이 잔꾀를 내어 "성님, 옵서 우리 지픈 잠이나 자보게." 하며 누가 더 깊고 깊은 잠을 잘 수 있는가 하는 잠자기 시합을 제의하고, 잠자는 척하다가 형이 깊이 잠든 사이에, 꽃을 바꿔치기 한다. 결국 이승은 마음씨 나쁜 소별왕이 차지하게 되었기 때문에, 이승은 살인, 방화, 도적, 강간 등 온갖 악이 들끓는 세상이 되고, 저승은 마음씨 착한 형 대별이 다스리는 맑고 공정한 세상이 되었다는 것이다.

「삼승할망 본풀이」는 누가 아이를 잘 낳고 기를 수 있는 능력을 지녔는가를 겨루는 신들의 싸움 이야기이다. 두 여신은 모두 아름다운 미모를 지녔고, 그 능력을 옥황상제도 판단할 수가 없었다. 삼싱할망은 '명이 긴 나라(명진국)'의 공주였고, 아기를 저승으로 데려가는 구삼싱할망(저승할망)은 동해바다 용왕국의 공주였다. 동해 용왕의 따님과 명진국의 따님이 서로 아이를 잘 낳게 할 수 있는 생불왕生佛王(산신産神)이라 우기며 싸웠다. 두 처녀는 하늘로 올라가 옥황상제에게 등장을 들었다. 옥황상제는 꽃씨 두 방울을 내주며 꽃씨를 심고 꽃이 번성하는 자가 생불왕이 되라 하였다. 동해 용왕 따님의 꽃은 뿌리도 하나요, 가지도 하나요, 순도 겨우 하나 돋아 이울어 가는 '검뉴울꽃'이 되었는데, 명진국 따님의 꽃은 뿌리는 하나인데, 가지는 사만오천육백 가지로 번성하고 있었다.

그래서 동해 용왕 따님은 죽은 아이의 영혼을 차지한 저승할망(=구삼싱할망)으로 들어서고, 명진국 따님은 삼승할망(=생불왕)으로 들어서라 하였다. 이 분부가 떨어지자 동해 용왕의 따님은 명진국의 꽃가지를 오도독 꺾어 가졌다. 명진국 따님이 "왜 남의 꽃가지를 꺾어 가지느냐?" 하고 묻자, "아기가 태어나 백일이 지나면 경풍 · 경세 등 온갖 병이 걸리게 하겠노라." 하였다. 명진국 따님은 "아기가 나면 너를 위해 적삼 · 머리, 아기 업는 멜빵 등 폐백과 좋은 음식을 차려줄 터이니, 서로 좋은 마음을 가지자."고 달래며 두 처녀는 화해하고 헤어졌다.

「삼승할망 본풀이」의 '꽃 피우기 시합'은 결국 저승으로 데려가는 죽음의 꽃, 띠를 묶어 만든 '수레멸망악심꽃'과 사람을 살려내는 꽃, 동백꽃으로 생명꽃 · 번성꽃 · 환생꽃이 생기게 된 내력과 그 꽃들의 주력呪力을 상징하고 있다. 때문에 굿에서 심방은 동백꽃으로 환자를 살리고, 수레멸망악심꽃을 제초시켜 환자를 죽음에서 구한다. 결국 심방은 굿을 하여 서천꽃밭의 꽃을 따다 환자를 살리는 것이며, 그러한 이야기는 여러 신화에 나타나고 있다.

「세경 본풀이」에서 자청비는 서천꽃밭의 꽃을 따다가 자기가 죽인 목동신 '정이 어신 정수남이'와 남편인 '문도령'을 살려낸다. 서천꽃밭에는 꽃을 지키는 꽃감관 황세곤간이 있었다. 꽃감관은 서천꽃밭에 밤이면 부엉이가 날아와 울어 멸망을 주는데, 부엉이를 잡아주면 사위를 삼겠다고 하였다. 자청비는 아무도 몰래 노둣돌 위에 옷을 홀랑 벗고 누워 정수남이의 혼령을 불렀다. "정수남아, 혼령이 있거든 부엉이 몸으로 환생하여 원진 내 가슴에 앉거라." 부엉이 한 마리가 울면서 날아와 자청비 젖가슴 위에 앉았다. 자청비는 부엉이 두 다리를 꼭 잡고 화살 한 대를 찔러 부엉이를 잡아주고 황세곤간의 막내사위가 되었다. 자청비는 서천꽃밭에서 살오르는 꽃, 피가 살아 오르는 꽃, 죽은 사람 살아나는 환생꽃을 따서 꽃을 뿌려 정수남이를 살려냈다. 그리고 하늘에 있을 때는 죽은 남편 문도령도 서천꽃밭 환생꽃을 따다가 살려내기도 하였다.

「문전 본풀이」를 보면, 남선비[門神]의 아들 일곱 형제는 주천강 연화못에 빠져 죽은 어머니 여산부인[竈王神]을 살려내기 위하여 서천꽃밭에 가서 열두 가지 생기오를꽃, 웃음웃을꽃, 말하는꽃, 오장육부오를꽃, 걸음걸을꽃, 성화날꽃, 울음울꽃을 따다 놓고, 송낙 막대기로 한번 두 번 연 세 번을 때리니, 어머니는 "아이구, 봄잠 너무 잤구나." 하며 와들랭이 일어났다.

6° 서천꽃밭, 그리고 동백꽃에 대한 미학적 담론

앞에서 살펴본 바와 같이, 태초에 하늘과 땅이 어떻게 나눠졌는지를 이야기하는 「천지왕 본풀이」에도, 아이를 저승으로 데려가는 인기 없고 배고픈 신으로 전락해 버린 저승할망의 이야기를 담은 「삼승할망 본풀이」에도, 아름답고 탁월한 힘과 능력을 지닌 여성 영웅신이자 농경신인 '제석할망 자청비' 이야기 「세경 본풀이」에도, 맑고 깨끗한 청결의 신이자 부엌의 불씨를 지켜주는 불의 신이며, 미래를 계획하고 설계하는 조왕신 '여산부인'의 이야기를 다룬 「문전 본풀이」에도 서천꽃밭의 '꽃 이야기'가 나온다.

제주 신화에서 꽃 담론은 폭이 넓고 깊다. 「이공 본풀이」는 친근감을 갖게 하는 이야기다. '할락궁이'와 딸 '원강아미'가 서천꽃밭을 지키는 '꽃감관'이 되어 벼슬을 살러 이공서천 도산국을 찾아가는 길은 무섭고 서꺼운(두려운) 길이다. 서천꽃밭은 저승이기 때문이다. 그러나 그곳은 아름다운 저승이며, 거기에는 모든 것이 다 있다. 어렸을 때 들려주던 할머니의 이야기들, 무서운 꽃감관 '황세곤간'이 지키는 서천꽃밭의 꽃을 따와 어머니를 살렸다는 이야기는 많다. 그리고 이 서천꽃밭 이야기인 「이공 본풀이」는 제주 사람들의 미학美學의 단서로서 지니고 있는 경험적 인식론을 내포하고 있다. 신화는 '아름다움이란 무엇인가' 하는 이야기를 서천꽃밭 꽃을 따다 죽은 사람을 살려낸 이야기로 서사화하면서, 그 속에 제주인의 문화적 상상력이 창조한 '생명의 아름다움'을 상징적으로 그리고 있다.

사람은 죽는다. 죽는다는 것은 죽음의 공간인 저승과 삶의 공간인 현실의 대립이다. 그러나 굿을 통하여 대립은 화해로 바뀌며, 화해는 꽃을 통하여 '환생의 의미'로 바뀐다. 「이공 본풀이」의 '꽃 싸움'은 대립의 이야기이며 죽음의 문제지만, 굿판에서 본풀이를 노래하고 굿을 하여 꽃의 의미를 풀어나가면, 죽음의 문제는 풀리고 환자는 되살아난다. 그러므로 동백꽃을 들고 춤을 추는 굿은 아름답다. 왜냐면 심방은 서천꽃밭의 생명꽃을 따다 죽은 사람을 살려내고 있기 때문이다.

굿은 제주 사람들의 '죽음의 재생'의 의식이다. 그리고 본풀이에는 사람들에게 온갖 '살의살성殺意煞性'을 불러주고, 'ᄉ록[不淨]'을 불러주어, 죽음에 이르게 하는 '수레멜망악심꽃'이 나온다. 그것은 굿판에서 띠(억세)를 묶어 만든다. 이 띠로 만든 '수레멸망악심꽃'은 잘 죽지 않고 그야말로 징그럽고 억센 죽음을 상징하는 꽃이다. 제주 굿의 또 다른 의미는 이런 악심꽃을 제초하여 사전에 불행을 막고, 나쁜 전상, 'ᄉ록'을 바깥으로 쫓아내는 것이다. 심방이 굿판에서 "악심꽃을 제초하여 불행을 없앤다."는 것이다. 꽃을 꺾어 '불행과 죽음을 쫓아내는 것' 또한 제주 사람들의 '꽃의 미학'이다.

꽃의 미학은 몇 가지 더 '아름다움'의 범위를 확장시킨다. 앞에서 살펴본 「천지왕 본풀이」에서 '꽃 싸움'은 뒤바뀐 세상, 모순된 세상을 전제로 한 것이지만, 굿을 통하여 삶과 죽음의 대립은 새로운 질서의 세계로 환원된다. 신화가 이야기하는 잘못된 이승, 그리고 이승의 인간이 모순된 삶 속에 얻은 사회적 질병으로써의 맺힘[恨]은 굿을 통하여 저승의 맑고 공정한 '새로운 질서'로 환원됨으로써 풀린다. 이러한 꽃 이야기는 '꽃의 경쟁'으로 대립되는 저승과 이승, 선과 악, 밤과 낮이라는 음양 이원의 존재론에 기초하며, 이러한 음양 이원론은 '대립'에서 '화해'로 가는 신화논리학의 시작이다. 그러므로 서천꽃밭 이야기는 잘못된, 전도된, 모순된 세상을 바르고 공정하고 새로운 질서의 세계로 환원시키는 변혁의 아름다움을 내포한다.

「삼승할망 본풀이」에서 '꽃의 경쟁'은 두 여인의 아름다움이 아니라 누가 아이를 잘 낳고 잘 기를 수 있는지를 두고 벌인 경쟁이었다. 아름다움은 결국 외모가 아니라 생명을 잉태하는 임신과 포태, 생산과 생식의 능력이라는 것이다. 제주인의 '아름다움'은 생산적 · 생식적 의미를 내포한다. 그리고 「세경 본풀이」에서 서천꽃밭의 꽃은 먹을 연緣, 입을 연緣을 내어주는 생산 활동과 함께 죽은 자의 넋과 산 사람의 육체, 삶과 죽음의 조화를 추구하는 생명의 논리학을 내포한다. 세경 땅은 생산 활동을 하는 삶의 텃밭이며, 죽은 자들을 '엄토감장' 하는 음택이기도 하다. 이와 같이 생명의 꽃은 죽은 넋을 환생시키기도 하고, 산 사람의 육신을 잠재우기도 하는 중의적 성격을 가지고 있다. 따라서 굿을 통하여 '꽃의 뿌리'에 대한 확대 담론을 살펴보는 것도 괜찮을 것 같다.

제5부

삼공 본풀이

1° 사람 냄새가 물씬 나는 신 이야기

인생이란 무엇인가? 사람을 살게 하는 것은 무엇인가? 모든 신화는 하늘과 땅 사이에서 어떻게 인간이 살게 되었느냐를 설명한다. 제주의 무속 신화는 '천지간 만물 중에 사람밖에 더 있느냐'는 인본주의에 바탕을 두고 있다. 사람이 있어야 비로소 하늘과 땅, 이승과 저승이 있다는 것이다. 하늘과 땅, 이승과 저승은 사람의 삶과 죽음을 해석하는 시간과 공간일 뿐이다. 천지창조나 서천꽃밭 이야기, 수수께끼 싸움, 꽃 가꾸기 경쟁 등 선과 악, 우와 열을 가리는 이원 대립 형식의 신화소들은 자연의 이치를 '풀이'하는 식물성의 정적인 '이야기'로, 그러한 신화는 형식과 관념의 말장난에 지나지 않는다. 그러나 우주론적 관념론이 아닌 하늘과 땅 사이에 사람의 냄새가 물씬 나는 이야기, '제3의 이야기'가 있다.

사람은 시간과 공간의 무대 위에 삶과 죽음을 펼친다. 그중 삶의 무대는 '삼三의 원리'를 풀이하는 「삼공 본풀이」의 세계다. 「삼공 본풀이」는 이승 생활의 이야기이며, 현실의 이야기다. 현실의 이야기이기 때문에 하늘과 땅은 인간 가까이 내려와서 존재한다. 하늘[天]은 윗마을이고, 땅[地]은 아랫마을이다. 윗마을과 아랫마을에 흉년이 들었다. 하늘과 땅의 흉년, 배고픔과 가난이라는 현실의 문제로 전개되는 것이 전상신 신화인 「삼공 본풀이」이다. 굿을 할 때 보통 산 사람을 생인生人 죽은 사람을 귀신鬼神이라 한다. '생인'이란 '살아 있는 사람'이며, '살아 있다'의 명사형이 '사람'이라면, 「삼공 본풀이」는 사람의 생활, 인생의 원리, 삶의 원리를 이야기하는 본풀이인 것이다.

「삼공 본풀이」는 전상신 가믄장아기의 신화다. 전상신은 사람의 직업을 관장하는 운명의 신이다. 그리고 '전상'이란 '전생의 업보'라는 데서 유래한다. 이는 불교의 연기설과도 관련이 깊다. 현실의 삶은 전생과 후생의 중간 지점에 있는 것이며, 과거에 쌓은 인연이 현생의 업으로 이어진 것이 '전상'이란 뜻이다. '전상'은 실제로 굿판에서는 팔자八字 · 직업職業 · 버릇을 뜻하는 듯한데, 거기에는 타고난 업보라는 느낌이 강하다. '나쁜 전상'이란 평상시와는 달리 마구 술을 먹거나 해괴한 짓을 하여 일을 망치거나 가산을 탕진하는 행위나 그러한 행위를 일으키게 하는 마음을 일컫는다. 이 전상이 붙으면, 그 행위를 버리려 해도 버릴 수가 없다. 도둑질을 하여 몇 번이고 감옥에 출입해도 역시 도둑질 할 마음을 일으키고, 놀음을 시작하면 그칠 수 없는 이치도 다 전상 때문이라는 것이다. 나아가 농업, 공업, 상업 등 갖가지 직업을 택하고, 거기에 집착하는 것도 역시 전상 때문이라 풀이하고 있다. 그렇다면 '전상'이란 젖어 있는 '습관' 또는 '버릇'이며, 인간의 운명을 결정짓는 전생으로부터 타고난 '업보'인 것이다.

꽃의 신화 「이공 본풀이」가 불교의 「안락국태자경」의 이야기를 차용하고 있듯이 「삼공 본풀이」는 불교의 연기 설화와 함께, 말녀발복 설화, 온달 설화, 서동 설화, 심청 설화, 개안 설화 등 근원 설화의 내용들을 차용하고 있다. 그러나 형식적으로는 제주 설화 특유의 삼단 화법을 취하고, 내용상으로는 남성 우위의 가부장적 봉건사회의 허위를 비판하고 저항하는 직업의 신 '가믄장아기'의 적극적인 행동을 담고 있다. 이는 결국 제주 여성의 현실주의적 세계관을 드러내는 장치인 것이다.

옛날 윗마을에는 강이영성이서불(이하 강이영성)이라는 남자 거지가 살고, 아랫마을에는 홍은소천궁에궁전궁납(이하 홍은소천)이라는 여자 거지가 살았다. 두 마을에 흉년이 들었으나, 다른 마을에는 풍년이 들었다는 소문만 듣고 윗마을에서는 아랫마을로, 아랫마을에서는 윗마을로 얻어먹으러 가는 도중 두 거지는 서로 만나 부부가 되었고, 얼마 안 가 딸을 낳았다. 윗마을, 아랫마을 사람들은 거지 부부를 동정하여 정성으로 은그릇에 죽을 쑤어 먹였다. 이 아이를 '은장아기'라 불렀다. 딸아이를 또 낳았다. 이번에도 동네 사람들이 도와주었다. 처음만은 못했으나 놋그릇에 밥을 해다 키워 주었다. 이 아이를 '놋장아기'라 불렀다. 또 딸아이를 낳았다. 마을 사람들이 도와주기는 했으나 성의는 식어 있었다. 나무 바가지에 밥을 해다 먹여 키워주었기 때문에 이 아이를 '가믄장아기'라 불렀다. 셋째 딸을 낳으면서 운이 트여 기와집에 풍경을 달고 부자로 살게 되었다.

이 이야기에서 주목되는 것은 하늘과 땅, 음과 양, 양극의 대립은 가난과 흉년이다. 그러나 윗마을의 거지와 아랫마을의 거지는 서로 만나 결혼하여 세 딸을 낳고 부자가 되었다. 천지 음양의 조화와 남녀의 성적 결합과 세 딸의 출생이 자연히 거지 부부를 부자로 만들었다. 은장아기를 낳았을 때는 윗마을, 아랫마을 사람들의 절대적인 도움을 받았다. 가믄장아기를 낳았을 때는 마을 사람의 적극적인 도움이 필요 없게 되었다. 의타적인 삶, 즉 '가난'이 자립적인 삶, 즉 '부富'로 역전될 조짐을 보인 것이다.

2° 배꼽 아래 선그믓 덕에 삽니다

사람은 무엇으로 사는가? 천부지모의 덕인가? 성sex을 가지고 태어났기 때문인가? 「삼공 본풀이」는 다음의 이야기로 이어진다.

막내딸 가믄장아기가 태어나자 갑자기 부자가 된 '강이영성'과 '홍은소천'이란 거지 부부는 고생하던 옛날을 까맣게 잊고 괜히 거드름을 피우고 싶어졌다. 윗마을, 아랫마을 사람들의 도움을 받고 자란 은장아기를 불렀다. "너는 누구 덕에 먹고 입고 행동하느냐?" 큰딸 은장아기가 대답했다. "하느님 덕이외다. 지하님 덕이외다. 아버님, 어머님 덕이외다." 이 말을 듣고 흡족해하며, 이번에도 역시 마을 사람들의 도움을 받고 자란 놋장아기를 불렀다. "너는 누구 덕에 먹고 입고 행동하느냐?" 둘째딸 놋장아기가 대답했다. "하느님 덕이외다. 지하님 덕이외다. 아버님, 어머님 덕이외다." 역시 만족하며 마을 사람들의 도움을 별로 받지 않고 자란 가믄장아기를 불렀다. "너는 누구 덕에 먹고 입고 행동하느냐?" 막내딸 가믄장아기가 대답했다. "하느님 덕이요 지하님 덕이요 아버님, 어머님 덕이기도 하지만 나 배꼽 아래 선그뭇[陰部]의 덕으로 먹고 입고 행동합니다." 하였다. 천만 뜻밖의 대답에 부모는 화가 벌컥 났다. "이런 불효 막심한 년, 어서 당장 나가라." 벼락같이 호통을 치며 집을 나가라고 쫓아 버렸다. 그리하여 가믄장아기는 집에서 쫓겨난 신세가 되었다.

직업의 신이며, 운명의 신인 '전상신' 가믄장아기 신화 「삼공 본풀이」는 '말녀발복 설화末女發福說話' 또는 '내 복에 산다'형 설화로 알려져 있다. 신화의 주인공 막내딸 '가믄장아기'가 태어나자, 장님 거지 부부가 막내딸로 인해 부자가 된 육지부 설화와 같은 종류의 설화로 간주되기 때문이다.

제주도는 '딸은 살림 밑천'이라 한다. 아들을 낳으면 태어나면서부터 진상과 부역으로 고통을 겪는데, 딸을 낳으면 물질이라도 해서 살림에 보탬이 되었던 제주 사람들의 생활사 때문이다. 그리고 육지부 설화에 흔히 보이는 '내 복에 산다'형의 신화의 입장에서 볼 때도 육지와 다른 점이 있다. '내 복에 산다'가 아니라 '나의 선그뭇'(성性) 때문에 산다'는 것이다. 그러니까 나의 복은 굴러들어온 것이 아니라, 뚜렷한 특징으로 여자의 성기를 지니고 있기 때문에 들어온 것이며, 여자로 태어났기 때문에 당당하고 축복받은 것이며, 그러한 여성으로 태어난 장점을 적극적으로 받아들이며 살겠다는 것이다.

'가믄장아기'가 주장하는 것은 '나는 여자다'이며, 그리고 여자인데 '뭐가 어째서?'이다. 운명의 신 가믄장아기가 우리에게 주는 지혜는 여성으로서 자기 앞의 생을 적극적으로 당당하게 살겠다는 것이다. 제주도의 열두 본풀이 중 농경신 「세경 본풀이」와 함께 여성 영웅 신화로 꼽히는 「삼공 본풀이」는 운명의 신 '가믄장아기' 이야기를 통하여 봉건적 · 유교적 형식주의를 거부하며, 인간 중심적 사고와 자유 의지와 남녀가 모두 본래적으로 평등하다는 사상을 신화의 문법, 신화가 암유하는 문화적 상징 속에 담고 있다. 그뿐 아니라 「세경 본풀이」는 제주 신화에 통용되는 천/지, 선/악, 이승/저승, 생/사 등 신화 특유의 이원 대립 문법에서 한 단계 발전하여 삼단계의 화법을 전개한다.

아버지가 물었다. "너는 누구 덕에 사느냐?" 큰딸이 대답했다. "부모님 덕에 삽니다." 둘째딸이 대답했다. "부모님 덕에 삽니다." 막내딸이 대답했다. "부모님 덕이 아니라 내 선그믓 덕에 삽니다." 아버지는 화가 나서 막내딸을 내쫓았다. '긍정-긍정-부정', 'TTF'형 이야기 전개 방법이다. 소위 '말녀발복 설화'라고 하는 가믄장아기 신화에는 단순히 '내 복에 산다'는 긍정과 수긍에 길들여진 순응의 원리에 근거를 둔 화법이 아니라, 여성으로서의 적극적인 삶을 살겠다는 생의 의지를 보이기 위하여 순응에서 저항으로 역전되는 부정과 변조, 파격의 미학이 담겨 있다. 그것은 창조적인 사유의 법칙이며, 제주인들의 말하기, 신화 전개의 삼단 화법으로 발전한 것이다.

"김녕리 신당의 본향당신 괴뇌기또 한집님은 아방눈에 골리나고 어멍눈에 씨찌난에 불효자식이라 무쇠설캅(무쇠상자)에 가두어 동해바다에 띄워버렸다. 무쇠설캅은 정처 없이 떠가다가 동해 용궁 산호수 가지에 걸렸다. 무쇠 상자에서 풍운조화가 일어났다. 큰딸 아기야 나가봐라. 아무것도 없습니다. 셋딸 아기야 나가봐라. 아무것도 없습니다. 막내야 나가봐라. 산호수 가지에 무쇠설캅이 걸려 있습니다." 이와 같이 '부정-부정-긍정'의 삼단 화법은 자주 나타나는 신화 전개의 화법이다.

3° 직업이란 무엇인가

모든 게 다 원점으로 돌아가면 아무것도 없다. 어둠은 무명無明이며, 무지無知이며, 어리석음일 뿐이다. 사람들은 그것을 모른다. 아버지의 눈을 뜨게 해드리려고 어부들에게 몸을 파는 것이 심청이의 업이라면, 세상 물정을 모르는 '눈 뜬 장님'을 업으로 가지고 태어난 자가 심청이의 아버지 심봉사다.

「삼공 본풀이」의 화소 중에 장님이 눈을 뜨는 이야기, 즉 개안 설화開眼說話는 "행복[業]이란 무엇일까?"라는 수수께끼를 푸는 화두이다. 본풀이는 장님(무명無明, 즉 깨닫지 못함)에서 개안(지혜知慧, 즉 깨달음)할 때까지의 이야기와 굴러 들어온 복을 쫓아버렸기 때문에 다시 거지가 되었다는 인과응보의 이야기를 '전상', 즉 '전생의 인연'으로 설정하고 있다. 거지 부부가 결혼을 하니 주위에서 도움을 주었고, 먹을 연, 입을 연이 생겨나 밥을 먹을 수 있었고, 가믄장아기가 태어나면서

부터 갑자기 부자가 되었다. 그렇다면 그녀는 분명히 '굴러 들어온 복'인데, 그것도 모르고 복을 내쫓았으니, 다시 거지가 될 수밖에 없는 운명이라는 것이다.

"행복이란 잠시 잠들고 있는 동안에 왔다가 가는 것일까?" 딸을 잃고, 문지방에 넘어져 장님이 되고, 거지가 된 부부가 다시 깨어나 내 딸 가믄장아기가 곁에 있음을 깨달을 때까지는 장님으로 살게 된다. 그들은 살아 있지만 잠을 자는 것과 같다. 깨달음이 없기 때문이다. 「삼공 본풀이」에서 굴러들어온 복이 가믄장아기임을 깨닫지 못한 어리석은 거지 부부는 장님으로 그려진다. 불교의 연기 설화를 빌려, 직업이란 것도 결국 선업이든 악업이든 전생의 인연에 따른다는 인과응보의 법칙을 신화의 중요한 구성 요소로 삼고 있다. 그리고 이익을 좇아 악업을 지으면 벌을 주고 재앙을 내리는 주력呪力을 삼공신 '가믄장아기'가 지니고 있다.

선업은 '좋은 전상', 악업은 '나쁜 전상'이라 하며, 이러한 업에 따라 삼공신이 내리는 재앙을 'ᄉᆞ록[邪]'이라 한다. 이러한 내용을 삼공 본풀이에서 살펴보자. 당장 나가라는 말을 들은 가믄장아기는 하직 인사를 하고 문밖으로 사라졌다. 부부는 막내딸이 복덩이인 줄도 모르고 쫓아버린 뒤, 마음이 섭섭하여 다시 불러들이려 하였다. 맏딸을 불렀다. "밖에 나가 동생에게 식은 밥에 물을 말아 요기라도 하고 가라 이르라."고 시켰다. 그러나 은장아기는 동생을 남겨 이로울 게 없다 생각하고, "설운 동생아 어서 가라. 아버지 어머니가 널 때리러 온단다."고 하였다. 가믄장아기는 언니 속셈을 모를 리 없었다. "큰 형님은 노둣돌 아래 내려서서 청지네로 환생하십서." 이 말이 떨어져 노둣돌

아래 내려서니 은장아기는 청지네가 되어 노둣돌 아래로 들어가 버렸다. 부모는 가믄장아기를 기다렸으나 은장아기까지 돌아오지 않으니, 둘째딸을 불렀다. 놋장아기도 시기심이 나서 두엄 위에 올라서서 "어머니, 아버지가 때리러 오니 빨리 달아나라." 하였다. 놋장아기의 고약한 마음을 아는 가믄장아기는 괘씸한 생각이 들었다. "두엄 아래 내려서거든 버섯 몸으로나 환생하라."고 중얼거리니, 놋장아기가 두엄 아래 내려서니 버섯이 되어 두엄에 뿌리를 박고 서 버렸다. 부부는 놋장아기까지 소식이 없자 얼른 밖으로 나오다가 문턱에 눈이 부딪혀 봉사가 되어 버렸다. 그날부터 부부는 가만히 앉아 먹고 쓰다 보니 가산을 탕진하여 다시 거지가 되었다.

'굴러들어온 복'을 내쫓아버렸기 때문에 모든 것은 다 원점으로 돌아갔다. 그리하여 윗마을의 하늘 거지 강이영성과 아랫마을의 땅 거지 홍은소천은 사람이 중한 줄 모르고 그들의 복을 쫓아버렸기 때문에 다시 원래의 거지를 업으로 삼고 살아가게 된 것이다. 그들은 이제 "누구 덕에 사느냐?"를 깨달을 때까지는 '장님'으로 살아가야 한다. 행복이 무엇인지 모르고 거지로 장님으로 살아도 좋은 것인지 모르지만, 거지이고 장님이란 것이 '나쁜 정상'이며, 신이 내린 '수록'이라면 이는 물리쳐야 할 것이다.

각자 지은 악업에 따라 은장아기는 청지네, 놋장아기는 버섯의 몸으로 환생하고, 아버지와 어머니는 장님이 되었다. 그렇다면 선업을 짓고 선업에 따라 복을 받는 것이 지혜로운 삶이 아닌가? 따라서 전상신 가믄장아기 신화는 지혜를 얻는 신화, "굴러온 복이 무엇인가" 하는 수수께끼를 푸는 신화이다. 그대는 누구 덕에 사는가? 심방들은 가끔 굿을 할 때마다 “신의 덕에 먹고, 신의 덕에 입고, 신의 덕에 행동 발신합니다.”라고 한다. 그리고 “팔자를 그르쳐 심방이 되었다.”고 말한다. 이는 심방이 될 수밖에 없는 운명을 타고났다는 것이며, 직업은 팔자라는 운명론에 따라 일의 전문성을 뜻한다.

심방이 운명적으로 선택한 전문적인 직업이라면, 시인의 운명론은 “시를 쓰기 때문에 먹고, 입고, 행동한다.”는 것이다. 이러한 전문성은 '좋은 전상'이다. 그런데 “술을 퍼마시고, 각시를 두드려 패고, 패가망신한다.”면 그것은 '나쁜 전상'인 것이다. '좋은 전상'은 타고난 재주, 뛰어난 전문성을 뜻한다.

4° 가문장아기 콤플렉스

남성 중심 사회에서 남자는 태어나고 자라 직장을 얻고 여성 배우자를 선택하여 결혼을 한다. 「삼공 본풀이」는 가문장아기가 자력으로 남자를 얻고, 마 파던 땅을 금덩이 · 은덩이가 나오는 땅으로 만들어 부자가 된다. 가문장아기는 이렇게 적극적이고 당당하게 자신의 삶, 자신의 운명을 개척하는 직업의 신이다. 우리가 일반적으로 생각하는 보통 여자는 가문장아기를 닮을 수 없다. 제주도 신화 「삼공 본풀이」에 나오는 제주 여성 가문장아기는 반항하는 여자, 자기 앞의 생을 당당하게 실현하는 '당당하고 솔직한' 여자이기 때문이다.

이 세상의 보통 여자들은 너는 누구 덕에 사느냐 하고 물으면, 신화 속의 은장아기 · 놋장아기처럼 하느님의 덕과 지하님의 덕 때문에 살며, 부모님 덕에 산다고 대답할지도 모른다. 그것은 자기 주장이 아니다. 자기 주장이 없는 것이다. 허울이요, 위선이다. 자신을 당당하게 주장하지 못하는 봉건적 종속성, 순응성, 이를 극복할 수 없는 한계를 가믄장아기 콤플렉스라 부르고자 한다.

가믄장아기가 될 수 없는 '당당하지도 솔직하지도 못한' 여성들은 이 콤플렉스를 극복해야 한다. 모든 여성들은 신화를 통하여 가믄장아기가 주어진 환경에 맹목적으로 순응하지 않고 주어진 생의 조건들을 거부하며, 어떻게 '당당하고 떳떳하게' 그리고 '지혜롭고 적극적으로' 살아가는지를 배워야 한다. 바로 그러한 새 길을 찾아가는 과정이 '아이가 어른이 되는' 성년식의 과정이다.

「삼공 본풀이」는 뭇 여성들이 가믄장아기를 통하여 자신의 콤플렉스, 여성으로서 세상을 거부하지 못하고 반항하지 못하는 그 부자유를 극복하게 하는 '당당하고 솔직한 힘'을 지니고 있다. 신화 속에는 콤플렉스를 극복하게 하는 지혜가 있다. 「삼공 본풀이」는 은장아기나 놋장아기처럼 현실에 타협하고 순응하는 여성은 그 업의 대가로 '청지네' 또는 '버섯'의 몸으로 환생했다. 인형과 같은 삶을 받아들이며 잘난 체 하는 것, 자신의 이익만을 취하는 위장된 선은 비인간적인 것이다. 결국 업의 대가로 나락으로 떨어지는 일도 운명이며 '전상'이라 할 것이다.

쫓겨난 가믄장아기는 인간의 가장 보편적인 삶, 원래의 삶의 모습을 찾아 길을 떠난다. 가믄장아기가 집을 떠나는 것은 팔자대로 살겠다는 것이며, 그것이 바로 '인생의 길'이다. 가믄장아기는 정처 없이 길을 걸었다. 해는 서산에 기울고 사람 사는 마을을 찾아야 밤을 샐 터인데 집 한 채 보이지 않았다. 한참 가다 보니 다 쓰러져 가는 초가집이 있었다. 거기에는 할머니, 할아버지가 살고 있었다. 하룻밤만 재워 달라 부탁하니, 아들이 삼형제나 있어 누워 잘 방이 없다 한다. 부엌이라도 좋으니 하룻밤만 재워 달라 사정하여 겨우 허락을 받았다. 그곳은 마 파먹고 사는 '마퉁이'네 집이었다.

'마퉁이'는 고대의 서동 설화를 잠시 떠올리게 한다. 서동은 백제 무왕의 어릴 적 별명인 '맛동'이를 말한다. 서동薯童의 서薯는 참마, 들감자의 '마'이니 '서동'은 이두식으로 사용하면 '맛동', '마퉁이'가 된다. 이처럼 제주도의 「삼공 본풀이」에도 신라에서 제일 고운 선화 공주를 푸대쌈하여 업고 달아나 백제 무왕이 되었다는 이야기를 연상케 하는 서동 설화를 차용한 것이다. 그리고 바보 온달 이야기처럼 마퉁이네 집은 가난하고 무지한 남자들만 살고 있다. 이들 역시 선택되지 않은 남자들, 미성년의 아이들에 불과하다. 가믄장아기의 방황과 시련은 이런 가난하고 무지한 남자아이를 만나는 것이다.

가믄장아기가 찾아간 비주리초막(오막사리)은 삼형제가 마를 파다 먹고 사는 마퉁이네 집이었다. 세 마퉁이가 마를 파고 집으로 돌아왔다. 세 형제는 파 가지고 온 마를 삶아서 저녁을 준비한다. 큰 마퉁이가 마를 삶았다. "어머니, 아버지는 먼저 나서 많이 먹었으니, 마 모가지나 먹읍서." 하며 머리 부분을 드리고 자기는 살 많은 잔등을 먹고, 손님에게는 꼬리 부분을 준다. 둘째 마퉁이도 마를 삶아 어머니 아버지에게는 머리를, 자기는 살 많은 잔등을 먹고, 손님에게는 꼬리 부분을 준다. 셋째 마퉁이도 마를 삶는다. "어머니, 아버지 우릴 낳아 기르려고 얼마나 공을 들였고, 또 살면 얼마나 살겠습니까?" 살이 많은 잔등을 부모님께 드리는 것이었다. 가믄장아기는 그들의 부모님에 대한 효행과 손님에 대한 인정을 보았다. 큰 마퉁이와 둘째 마퉁의 불효와 푸대접을 보았고, 막내 마퉁이의 효행과 인정이 마음에 들었다.

여기에도 신화 전개의 삼단 화법은 '부정-부정-긍정'으로 전개되고 있다. 가믄장아기는 마 삶던 솥을 깨끗이 씻은 후, 나락 쌀을 씻어 밥을 지었다. 한 상 차리고 우선 할머니, 할아버지에게 들어갔다. 조상 대에도 아니 먹었던 것이라며 먹지 아니한다. 큰 마퉁이도 조상 대에도 아니 먹던 것이라 사양한다. 둘째 마퉁이도 마찬가지였다. 마지막으로 작은 마퉁이에게 밥상을 들여가니 활짝 웃으며 맛있게 밥을 먹는다.

마퉁이네의 가난은 밭을 갈아 농사를 짓지 않고, 야생의 '마'를 파먹고 사는 생활, 간단한 초막을 임시 지어놓고 떠돌아다니며 사는 원시 농경 사회의 가난이다. 여기서 가믄장아기가 부모에게 쫓겨날 때 흑암소를 데리고 이곳 가난한 초막에 와서 쌀로 정성껏 밥을 지어 마퉁이네 가족을 대접하는 것은 지금처럼 가난한 생활을 계속하느냐, 쌀밥을 먹는 부유한 문화 생활을 선택하겠느냐는 의사를 묻고 있는 것이다. 가믄장아기의 밥상을 거절한 것은 가난한 현실을 그대로 유지하겠다는 뜻이다.

마퉁이 삼형제는 첫째도 둘째도 조상 대대로 '마 파 먹던 풍습'을 버리지 않겠다고 한 것이다. 작은 마퉁이만이 새 생활을 받아들였다. 신화 전개의 삼단 화법에 따르면, 가믄장아기가 새로운 남편으로 선택해야 할 '긍정'의 조건들은 마 파 먹던 가난한 삶을 버리고 아름다운 여자가 제의하는 뜻을 받아들여 농사를 지어 쌀밥을 먹는, 보다 개선되고 풍요로운 삶을 선택하는 것이다. 가난에 순응하지 않고 적극적인 자세로 새롭고 윤택한 삶이 보장되는 직업을 선택하는 것이다. 가믄장아기 신화는 그런 의미에서 '직업職業'의 신화라 할 수 있다.

5° 적극적인 성생활, 나영 발 막앙 누웡자게

작은 마퉁아 나영 고찌 발 막앙 누웡자게

쌀밥을 모르는 아이들. 은옥미 고은 쌀을 씻어 고운 밥(곤밥)을 짓고 세 마퉁이에게 대접을 했지만, 큰 마퉁이, 셋마퉁이는 거들떠도 보지 않았고, 작은 마퉁이만 하얀 쌀밥 한 그릇을 다 비웠다. 맛을 알았다는 것이다. 맛을 알았다는 것은 가치와 아름다움을 알았다는 것이다. 비주리 초막에 자고 들판에서 마를 캐어먹고 사는 마퉁이네의 가난한 생활을 원시 농경 생활이라 한다면, 금백주 신화와 같이 "나는 배또롱(배꼽) 밑의 선금(성기) 덕에 삽니다."는 폭탄선언 때문에 소 한 마리를 끌고 나와 비주리 초막을 찾아와 촌놈 마퉁이들에게 고운 은옥미 쌀밥을 차려주는 가믄장아기는 부유한 삶, 쌀밥을 먹는 농경 사회의 새로운 문화 생활을 가져온 것이다. 그리고 지혜로운 막내 작은 마퉁이가 이러한 새로운 생활을 수용한다.

이와 같이 「삼공 본풀이」는 셋째 아들 족은 마퉁이와 셋째 딸 가믄장아기를 통해 제주 문화가 삼자 상속의 문화임을, 즉 막내가 영리하고 셋째 딸이 복을 받는 문화, '지혜로운 셋째'를 선택하는 문화임을 강조한다.

특히 「삼공 본풀이」는 여자가 먼저 남자를 선택하고, 먼저 같이 자자고 유혹하는 적극적 성생활을 그리기도 한다. 가믄장아기는 당당하게 "배또롱 밑에 있는 선그뭇 덕에 사는" 여자라고 선언한 여자이기도 하다. "마퉁이들아. 느네 중에 아무라도 나영 눅고프민(자고 싶으면) 오라. 나영 고찌 발 막앙 눕게." 이러한 제안에 겁이 나서 첫째 마퉁이도, 둘째 마퉁이도 머뭇거린다. 가믄장아기의 속내를 알아챈 영리한 족은 마퉁이만 서른여덟 잇바디(잇몸)가 허우덩싹하게 웃으며 달려들었다. "족은 마퉁아, 나영 고찌 발 막앙 누우난 조으냐?" 하고 물으니, 작은 마퉁이는 기다렸단 듯이 달려들어 가믄장아기의 남자가 되었다. 새 세상의 새 문을 연 남자, 복을 갖다 주는 셋째 딸 가믄장아기가 택한 행운아, 셋째가 가업을 잇는 전통을 만들어낸 것이다.

눈을 뜨는 것은 무지의 깨달음이다

「삼공 본풀이」는 불교의 연기 설화, 말녀발복 설화末女發福說話, 온달 설화, 서동 설화, 심청 설화, 개안 설화 등 근원 설화의 내용들을 다양하게 차용하고 있다. 앞에서 살펴보았듯이 「삼공 본풀이」는 형식상으로는 제주 설화의 독특한 삼단 화법을 지니고, 내용상으로는 남성 우위의 가

부장적 봉건 사회의 허위를 비판하는 가믄장아기의 적극적인 행동을 통하여, 제주 여성의 현실주의적 세계관을 드러내고 있다. 이야기는 거지 잔치로 끝나고 장님 거지가 딸을 만나 눈을 뜨는 것으로 끝을 맺는다.

가믄장아기는 부모 생각이 간절하였다. 남편과 의논하여 거지 잔치를 석 달 열흘 백일 동안 열기로 하였다. 잔치가 시작되자 사방에서 거지들이 모여들었으나 어머니, 아버지는 나타나지 않았다. 백일이 되어 잔치를 마무리하는 날이었다. 날이 거의 저물 무렵 눈 익은 거지가 보였다. 날이 저물고 잔치가 끝날 무렵, 가믄장아기는 계집종을 시켜 이 부부 거지를 사랑방으로 모시게 했다. 통영칠반에 상다리가 부러지게 차리고 귀한 약주로 대접하였다. 가믄장아기가 말을 걸었다. 살아온 이야기를 하라는 것이다. 두 부부 거지는 살아온 이야기를 노래하였다. 거지로 얻어먹으러 다니다 부부가 된 젊은 시절, 은장아기, 놋장아기, 가믄장아기를 낳고 일약 거부가 되어 호강하던 시절, 가믄장아기를 내쫓고 봉사가 되어 다시 거지가 된 이야기. 눈물을 흘리며 듣던 가믄장아기가 "제가 가믄장아기우다. 내 술 한잔 받읍서." 하자 부부는 "오오! 느가 가믄장아긴다?" 하며 깜짝 놀라 받아든 술잔을 떨어뜨렸다. 그 순간 눈이 번쩍 뜨이는 것이었다. 한꺼번에 세상의 이치를 다 깨닫는 순간이었다.

「삼공 본풀이」는 자신의 업을 벗어나지 못한 채 살아가던 거지 부부가 영특하고 주체적인 막내딸의 효성과 지혜 덕에 눈을 떠 개명천지한다는 이야기다. 가난은 왁왁한 어둠 하늘나라의 흉년과 같은 것이며, 풍요로운 세상 땅의 풍년은 어둠, ᄉ록을 거두어 눈을 얻는 것, 잃어버린 복덩이 잃어버린 딸을 찾는 것이다.

6° 삼공맞이 스토리텔링

1석席: 길에서

하늘에 흉년이 들어 강이영성과 홍은소천이란

거지 부부가 거리에서 만나 같이 살게 되었다.

[거지부부 등장]

하르방: 호호호 할망 배고프고.

할망: 하르방 나도 배고파. 다리도 아프고.

하르방: 할망, 어디로 올라가는 할망이라.

할망: 우리집은 가난허난 웃상실이 부자 동네난 그디 얻어먹으레 감수다.

하르방: 오. 아이고 게민.

할망: 아지방은 어디로 감순.

하르방: 알상실도 흉년들었구나.

할망: 흉년 들고말고.

하르방: 웃상실은 비도 안 오고

할망: 비도 안 오고.

하르방: 홀연 광풍이 불어서 모든 농사가 다 멸망돼부난,

할망: 다 멸망됐구나이. 아이고 저 하르방.

하르방: 이제 어디 얻어먹을 데도 없고. 알상실에나 가면 좀 얻어먹어지카.

할망: 아이고, 하르방. 하르방 마씸.

하르방: 응.

할망: 알상실도 예, 비도 안 오고. 보리도 농사가 바짝 말라버려서 막 가난하니, 난 웃상실로 뭐라도 얻어먹으러 올라가는 중이우다.

하르방: 아이고, 경해서. 할망.

할망: 예.

하르방: 할망도 홀 할망(과부)이라.

할망: 나도 홀 할망이우다.

일동: (웃음)

하르방: 나도 홀 아방, 홀 하르방이라.

할망: 홀 하르방. 하르방하고 나하고.

하르방: 할망 하고 나하고, 오늘부터 같이 자나 하지.

할망: (웃음)

하르방 손목 잡고 같이 동리마다 마을마다 고을마다 얻어먹으레도 다니고.

하르방: 그렇지.

할망: 그래도 좋읍주.

하르방: 오. 우리 두갓이.

할망: 어.

하르방: 나가 어이 짓엉.

할망: 어이 짓엉?

하르방: 꼭꼭 하여.

할망: 꼭꼭 하여?

하르방: 아기도 하나쯤 낳고.

할망: (웃음) 아기도 하나 낳아? 그럽주. 그럽시다. 아이고 우리 하르방.

하르방: 무사 할망은 자꾸 위로만 붙나?

일동: (웃음)

하르방: 이게 우리 살림집이요.

할망: 이게 살 곳이요. 아이고 좋은 집에 사는구나.

하르방: 저녁밥은 있어?

할망: 아이고 저녁 차릴 것도 없수다.

하르방: 먹은 걸로 하지.

할망: 먹어도 원 먹은 거 안 닮다.

하르방: 난 배가 부니, 할망이나 다 먹어.

할망: 아이구 나도 배불어.

하르방: 이젠 야간 밤이 되었으니, 이부자리나 펴.

할망: 펴? 예. 폈수다.

하르방: 폈어.

할망: 하르방이랑 여기 누워 잘 곳이니.

하르방: 한 베개 놓았나?

할망: 한 베개 해서 누려우?

하르방: 어, 아이구. 꼭꼭. 꼭꼭. 그래 할망은 꼭꼭 하까? 아이구 이젠 밥상도 물려가고.

할망: 밥상도 물려가고.

하르방: 어째서.

일동: (웃음)

할망: 옷엔 풀내가 나고.

하르방: 풀내가 나고.

할망: 장엔 장칼내가 나고.

하르방: 장칼내가 나고.

할망: 물엔 물내가 나고.

하르방: 아이고, 이거 아기 배었구나!

일동: (웃음)

하르방: 한 달 두 달 석 달 열 달 강알(사타구니) 차네.

할망: 강알 참져.

하르방: 아이구 배야. 아이구, 아이구, 아이구. (할망도 산모의 고통을 울부짖는다.)

일동: (웃음) (아기 낳는 시늉, 응아응아 아기 울음소리.)

하르방: 할망, 딸이여.

할망: 딸아기. 하르방 이 큰딸아기 이름이나 지어 봅주.

하르방: 그러지.

할망: 뭐라 지으면 될꼬?

하르방: 보아하니 이름 가남도 없고, 돈도 없고.

할망: 돈도 없고.

하르방: 그럼 은장아기라 지어.

할망: 은장아기.

하르방: 또 꼭꼭 해보세.

할망: 어, 또 꼭꼭 해봅주.

일동: (웃음)

하르방: 아이고. 열 달 가망찼네. 할망.

할망: 아이고.

하르방: 이젠 아들 날 걸세.

소무: 응액 응액. (아기 우는 소리 흉내 낸다.)

하르방: 아이고. 아이고. 뭣인고.

할망: 뭐야 이건.

하르방: 아이고. 또 벨라졌저.

일동: (웃음)

할망: 하르방 그럼 두 번째 낳은 건 뭐라 이름 짓겠오소.

하르방: 아이고 뭐라 지어. 놋장아기라 짓지.

할망: 놋장아기?

하르방: 응. 밴 고파도 꼭꼭은 잘 해서. 꼭꼭꼭 했오.

일동: (웃음)

하르방: 또 열달 살아 낳았오.

소무(관객): 아이구 배야(할망 발악하듯이). 응액 응액(관객)

하르방: (본다) 아이구, 아이구, 아이구, 아이구, 집안 망해 버렸네.

일동: (웃음)

하르방: 그러니 또 벨라진 거.

할망: 작은딸은 무어라 이름을 짓겠소?

하르방: 가믄장아기

할망: 가믄장아기.

하르방: 이젠 자랑자랑 웡이자랑.

하르방: 누구 덕으로 탄생을 하고.

은장아기: 예.

하르방: 이제까지 누구 덕으로 행동발신을 하는 줄 알겠느냐?

은장아기: 예. 아옵니다.

하르방: 누구 덕인 줄 알겠느냐?

은장아기: 하늘님의 덕입네다.

하르방: 오냐.

은장아기: 지하님의 덕입네다.

하르방: 오냐.

은장아기: 부모님의 덕으로 삽니다.

하르방: 어따 내 딸 적실하다. 네 방으로 나고 가라. 이번이랑 우리 셋딸아기 불러보지. 셋딸아가.

놋장아기: 예.

할망: 셋딸애긴 놋장애기.

하르방: 셋딸아.

놋장아기: 예.

하르방: 너 이년 이리 와봐라. 네년은 인간에 탄생할 때, (놋장아기 파마한 머리를 보고) 너 어째서 신식년으로 변해 버렸느냐. 어째서 머린 파마하고?

일동: (웃음)

하르방: 바람났구나. 이놈의 자식. 인간에 탄생을 할 땐 누구 덕으로 탄생을 하고, 옛날부터 사람이 누구 덕으로 행동을 한 줄 알겠느냐?

놋장아기: 하느님 덕입니다. 지하님도 덕입니다.

하르방: 오냐.

놋장아기: 아버님, 어머님 은덕으로 살았습니다.

하르방: 아이고, 너 셋딸아기도 적실하다. 네 방으로 들어가거라.

할망: 이제랑 작은딸아기.

하르방: 우리 막둥이, 잘 낳았으니 부자로 살았지. 가믄장아기야.

가믄장아기: 야.

하르방: 너 이리 와봐라. 아이구 반질 반질 반질. 우리 작은 아가. 이년도 구지베니(연지) 쬐끔 발랐구나.(웃음) 너 인간에 탄생할 때, 누구 덕으로 탄생하고, 이제까지 크기는 누구 덕으로 큰 줄 알겠느냐?

가믄장아기: 하나님 지하님도 덕이고, 부모님도 덕으로도 살았지만, 나 뱃또롱 아래 선그뭇(배꼽 밑에 선금)이 덕으로 살았습니다.

하르방: 에이 이년, 나가라. 이년(때리려 한다).

소무: 어서 도망 가.

하르방: 아이고, 그래도 작은 년은 이년 이제까지 할망하고 나하고 동녕바치질(동냥질) 하며 벌언 먹이다 보니, 이년은 제 배또롱 아래 선그뭇 덕이라 하는구나. 이년 내쫓고보니 그래도 아기가 잠자고프면 안으로 기는 법.

할망: 저 은장아가.

하르방: 놋장아가.

은장아가: 예.

놋장아기: 예.

하르방: 여기 앉거라. 너의 작은 동생이 아버님이 어떻게 해서 장성하게 된 덕이냐 하고 물으니 하나님 덕이요 지하님 덕이요 내 뱃또롱 아래 무슨 금?

관객: 선그뭇.

하르방: 선그뭇? 이건 잘도 났다. 그래서 먼 문 밖으로 내쫓아 버렸는데. 오죽 울며 가며 배고프며 가겠느냐. 저기 보리밥이라고 갔다 말아, 너희들 바깥으로 가서 먹여 보내거라.

은장아기: 예.

놋장아기: 예.

하르방: 오냐.

하르방: 큰년도 셋년도 다 어디 갔나? 할망. 우리 아이들이나 찾아봅시다. (둘이 부딪힌다.)

할망: 아이고 캄캄. 하르방 어디 있수가.

하르방: 나 있는 데 있소만 앞이 안 보여.

할망: (한숨 쉬며) 딸이나 찾으러 문지방을 넘다가

하르방: (한숨 쉬며) 죄 받아 문에 걸려 넘어지고.

할망: 천지혼합 왁왁 눈은 멀어 봉사 되고.

하르방: 앉아만 살다 보니. 전부 망해 부렀구나.

할망: 우린 망했소. 이거 짚어 이.

하르방: 짚어서, 가지. (힘없이 퇴장한다.)

설문대할망 손가락—문무병의 제주 신화 이야기 1

1판 1쇄 발행 | 2017년 10월 31일

지은이 | 문무병
펴낸이 | 조영남
펴낸곳 | 알렙

출판등록 | 2009년 11월 19일 제313-2010-132호
주소 | 경기도 고양시 일산서구 중앙로 1455 대우시티프라자 715
전자우편 | alephbook@naver.com
전화 | 031-913-2018
팩스 | 031-913-2019

ISBN 978-89-97779-92-5
978-89-97779-91-8(세트) 04210

＊책값은 뒤표지에 있습니다.
＊잘못된 책은 바꾸어 드립니다.